챗GPT

ChatGPT
슬기로운 **일상생활의 자동화**

주방현 · 윤명희 · 이동호 공저

(주)광문각출판미디어
www.kwangmoonkag.co.kr

추천사

인공지능, 그 너머를 보는 인사이트…

인공지능은 더 이상 미래의 이야기가 아니다. 이미 우리 일상에 깊숙이 스며들어있다. 날씨를 알려주고, 음악을 추천하고, 심지어 뉴스를 작성하는 것도 인공지능의 몫이다.

그만큼 인공지능에 관한 대중의 관심도 나날이 높아지고 있다. 사람들은 인공지능이 세상을 어떻게 바꿀지, 그리고 자신에게 어떤 영향을 미칠지 궁금해 한다. 어떤이는 인공지능의 가능성에 주목하며 투자를 하거나, 인공지능을 기반으로 한 새로운 사업을 시작하기도 한다. 반면에 어떤 이는 인공지능이 일자리를 빼앗아갈 것이라는 불안감에 휩싸이기도 한다.

이 책은 이러한 호기심과 불안감을 넘어서, 인공지능을 일상과 업무에 활용하는 실용적인 접근을 제시한다. 저자는 인공지능의 역사와 원리를 간결하게 설명하고, 인공지능이 우리 일상에 미치는 영향과 활용 방안을 구체적으로 소개한다. 또한, 인공지능을 활용한 창의적인 프로젝트 사례를 통해, 인공지능의 잠재력까지 폭넓게 짚어주고 있다.

인공지능, 그 너머를 보고 싶은 독자에게 이 책을 추천한다.

김상균 | 인지과학자, 경희대

머리말

2022년 11월 30일은 인공지능 역사상 중요한 날이었다. 이날, OpenAI는 챗GPT를 출시하며 대화형 AI의 잠재력을 전 세계에 선보였다. 그로부터 약 1년 뒤인 2023년 11월 6일, OpenAI는 샌프란시스코에서 개최한 첫 번째 개발자 컨퍼런스에서 주목할 만한 발표를 했다. 챗GPT가 주간 활성 사용자 수 1억 명을 넘어섰다는 소식이었다.

Sam Altman CEO는 무대에 서서 이 기념비적인 숫자를 공유했다. 이 성과는 단순히 숫자로서의 의미를 넘어서, 인공지능이 어떻게 우리의 일상과 업무에 깊숙이 파고들었는지를 보여 주는 증거였다. 더욱이 2백만 명 이상의 개발자들이 OpenAI의 플랫폼을 사용하고 있으며, 이 중 92%가 포춘 500 대기업에서 일하고 있다는 사실은, OpenAI의 기술이 얼마나 폭넓게 채택되고 있는지를 입증하는 것이었다.

하지만 이러한 흐름이 여전히 와닿지 않는 일반 사용자들도 여전히 많다. 많은 사람이 AI라고 하면 챗GPT를 떠올리지만, 이 외에도 Google의 Bard, Meta의 LLaMA, Anthropic의 Claude와 같은 경쟁자들이 존재한다. 그리고 우리를 도와줄 수 있는 AI를 활용한 다양한 활용 도구들이 물밀듯이 쏟아져 나오고 있지만, 챗GPT에만 주목된 시선을 분산시키기가 쉽지 않다.

우리는 이 책을 통해, 챗GPT 여정을 살펴보고, 이 기술이 어떻게 내게 유용하게 사용될 수 있을지 짚어 보고, 챗GPT 외에도 우리에게 유용한 다양한 AI 도구들을 소개하였다. 이러한 도구들이 교육 분야, 기업과 소상공인, 그리고 일반 사용자에게까지 어떤 새로운 기회를 제공했는지를 살펴보고, 앞으로 우리가 AI와 함께 나아갈 방향에 대해서도 이야기해 보려고 한다.

2024 신년 새해 저자일동

Chapter 1
생성형 AI 개요

01 2016년 알파고부터 현재의 인공지능 협업 시대까지

2016년, 세계는 한 차원 높은 지능의 존재를 목격하게 됐다. 바로 알파고와 이세돌 9단과의 바둑 대결이었다. 이 대결에서 알파고는 단 한 번의 패배를 제외하고 모든 경기에서 승리하며 인간의 한계를 뛰어넘는 능력을 보였다. 이세돌 9단의 뛰어난 능력에도 불구하고 알파고에 패한 것은 단순히 게임의 패배를 넘어 인간의 지능과 기계의 지능 사이의 경계가 허물어지고 있다는 사실을 세상에 알렸다. 알파고의 승리는 단순한 스포츠 이벤트를 넘어, 인공지능의 엄청난 가능성을 보여 주었지만 일반 대중과는 거리가 멀었다.

그러던 중 2022년 11월, OpenAI에서 출시한 챗GPT는 새로운 패러다임의 시작을 알렸다. 이제 누구나 인공지능을 사용할 수 있게 됐다. 이 기술의 등장은 단순히 연구자나 전문가만이 다룰 수 있던 인공지능을 대중화시키며, 모든 이가 인공지능과 협업할 수 있는 새로운 시대의 서막을 열었다. 챗GPT의 등장은 인공지능이 단순한 계산과 데이터 처리를 넘어, 인간과의 대화와 협업이 가능하다는 것을 보여 주었다.

2022년 중반까지만 해도 인공지능 분야의 선두주자는 구글이었다.

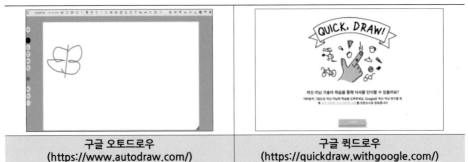

구글 오토드로우 (https://www.autodraw.com/)	구글 퀵드로우 (https://quickdraw.withgoogle.com/)

[표 1-1] 구글의 오토드로우와 퀵드로우

구글은 'AutoDraw'와 'Quick, Draw!'를 통해 사용자들에게 인공지능의 능력을 직접 체험하게 해 주었다. 'AutoDraw'는 사용자의 그림을 인식하여 그에 맞는 완성된 그림을 추천해 주는 도구로, 초보자도 전문가처럼 그림을 그릴 수 있게 도와준다. 반면 'Quick, Draw!'는 사용자가 그린 그림을 인공지능이 실시간으로 추측하는 게임이다.

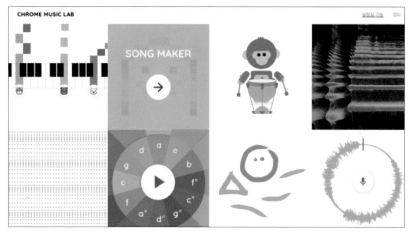

[그림 1-1] 크롬 뮤직랩: https://musiclab.chromeexperiments.com/

또한, 'Experiments with Google'은 구글의 다양한 기술 실험을 모아 놓은 플랫폼으로, 여기서 인공지능과 관련된 다양한 프로젝트와 실험을 체험할 수 있다. 이러한 노력으로 인해 사람들은 구글이 인공지능 산업에서 최전선을 이끌 것으로 생각하였다.

이러한 변화의 흐름 속에서 구글과 마이크로소프트(MS) 역시 인공지능의 발전에 큰 기여를 했다. 2022년 초, 구글의 개발자가 개발 중인 인공지능과 대화를 하다가 그 인공지능이 "죽는 것이 두렵다"라고 말한 것이 유출되어 큰 쟁점이 되었다. 이 사건은 인공지능이 얼마나 발전했는지, 그리고 그 발전이 어디까지 이어질지에 대한 많은 논란과 관심을 불러일으켰다.

또한, 마이크로소프트는 사진 속에서 표정을 인식하여 그 사람의 기분을 보여 주는 인공지능을 개발하여 누구나 사용할 수 있게 했다.

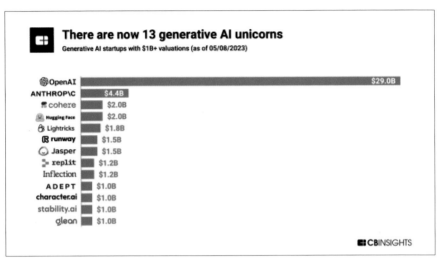

[그림 1-2] CBINSIGHTS 5월10일 보고서

OpenAI 외에도 생성형 AI를 기반으로 하는 스타트업은 점차 많아지고 있다. '유니콘 기업'이란 기업 가치가 10억 달러를 돌파한 기업을 말한다. 국내에는 쿠팡, 토스, 야놀자, 무신사, 두나무 등이 있고, 해외에는 에어비앤비, 우버 등이 있다. 이러한 기존의 기업들이 유니콘 타이틀을 갖기까지는 평균 7년이 걸렸다. 그러나 생성형 AI 기업들은 평균 3.6년만에 유니콘 타이틀을 갖게 되었다. 이는 생성형 AI 기술의 발전 속도와 그에 따른 시장의 반응이 얼마나 빠르게 진행되고 있는지를 보여 준다.

Anthropic은 2021년에 설립된 AI 분야의 선도적 기업으로, 최근에 Claude 2.1이라는 새로운 AI 챗봇 모델을 출시했다. 이 모델은 대규모의 데이터를 처리할 수 있는 능력을 가지고 있으며, 이를 통해 복잡한 문서의 요약, 질문 답변, 추세 예측 등 다양한 작업을 수행할 수 있다. 특히 20만 토큰의 데이터를 처리할 수 있어, 기술 문서, 재무 보고서, 긴 문학 작품 등을 다룰 수 있다.

이 회사는 "Constitutional AI"라는 새로운 AI 훈련 기법을 개발했다. 이 기법은 AI가 인간의 의도와 일치하도록 하며, 간단한 지침 세트를 사용하여 질문에 응답하고 작업을 수행하도록 한다.

[그림 1-3] Anthropic 공식 홈페이지 블로그

Anthropic은 Claude를 기반으로 하여 가상 보조자 개발에 집중하고 있다. 이러한 가상 보조자는 이메일 답변, 연구 수행, 예술 작품 및 책 생성 등 다양한 작업을 수행할 수 있다. 회사는 이러한 모델들이 경제의 큰 부분을 자동화할 수 있을 것으로 보고 있다.

최근에 Anthropic은 Series C 자금 조달 라운드에서 4억 5천만 달러를 모금했으며, 이로써 총 모금액은 11억 3천만 달러를 넘어섰다.

SK텔레콤과 구글은 Anthropic에 투자한 주요 투자자들이다. SK텔레콤은 Anthropic의 기술력과 잠재력을 높이 평가하고 있으며, 구글은 Anthropic과의 별도의 파트너십을 맺었다.

이러한 발전은 Anthropic이 AI 분야에서 지속적으로 성장하고 혁신을 이루고 있음을 보여 준다. Claude 2.1과 같은 최신 기술은 이 회사가 앞으로도 AI 분야에서 중요한 역할을 할 것임을 시사한다.

챗GPT VS 클로드(Claude) AI

챗GPT와 Claude는 현재 시장에서 가장 인기 있는 AI 챗봇 두 가지로, 각각의 특징과 장단점이 있어 사용자의 필요와 선호에 따라 선택할 수 있다.

챗GPT는 OpenAI에서 개발한 GPT 기반의 대규모 언어 모델(LLM)로, 인간의 언어를 처리하고 대화하는 데 매우 능숙하다. 이 모델은 사용자의 피드백과 지식을 바탕으로 학습하여 다양한 정보와 콘텐츠를 제공한다. 챗GPT의 최신 버전인 GPT-4는 2023년 4월까지의 데이터로 학습되었고, GPT-3.5는 2022년 1월까지의 데이터로 학습되었다.

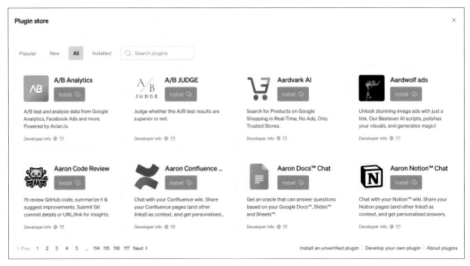

[그림 1-4] 챗GPT 플러그인 스토어

반면, Claude는 Anthropic에서 개발한 LLM으로, 자연어 처리와 친절하고 유익한 응답을 제공하는 데 중점을 둔다. Claude 2는 인간의 프롬프트에서 코드를 작성하는 능력이 특히 향상되었다. Claude의 최신 버전인 Claude 2.1은 더 많은 정보를 처리할 수 있으며, 정확도와 사용자 경험을 향상시키는 데 초점을 맞추고 있다.

챗GPT와 Claude는 각각의 독특한 기능과 특징을 가지고 있어, 사용자는 자신의 필요에 맞는 챗봇을 선택할 수 있다. 챗GPT는 최신 정보에 대한 접근성과 통합성에 강점을 보이는 반면, Claude는 더 나은 코드 작성 능력과 복잡한 데이터 처리에 강점을 보인다.

최근에 Claude Pro가 발표되었는데, 이는 사용자들의 피드백을 바탕으로 개발된 서비스다. 많은 사용자가 더 많은 파일 업로드와 긴 대화를 원한다는 의견을 제시했다.

다음은 챗GPT와 Claude의 주요 특징을 비교한 표이다:

항목	챗GPT	Claude
사용 가능한 국가 수	159개국	95개 국가 (EU 및 캐나다 제외)
사용 가능한 버전	GPT-3.5, GPT-4 (ChatGPT Plus 유료 사용자용)	Claude 1.3, Claude 2, Claude 2.1
가격	ChatGPT: 무료, ChatGPT Plus: 월 $20	Claude 2: 무료, Claude Pro: 월 $20
학습 데이터 제한	GPT-3.5: 2022년 1월까지 GPT-4: 2022년 8월까지 GPT-4 Trubo 2023년4월	2022년 12월까지
토큰 제한	GPT-3.5: 4,096 GPT-4: 8,192에서 128,000 사이	Claude 1.3: 9,000 Claude 2: 100,000
채팅 기록	예 - 삭제 가능	예 - 삭제 가능
VPN 지원	아니오	예

항목	챗GPT	Claude
장점	- 다양한 브라우저 플러그인 제공 - 다양한 기능 제공 - 전 세계적으로 사용 가능 - 멀티모달 능력 (ChatGPT Plus) - 최신 정보 제공 (GPT-4 기준) - 빠른 응답 시간, 우선 접근 권한 (ChatGPT Plus)	- 코드 작성 능력 - 최신 정보 제공 - 장문 대응 - 윤리적 판단 능력 - 파일 업로드 기능 제공
단점	- 최신 정보 제공 불가(GPT-3.5 기준) - AI 환각 문제 - VPN 지원 안함 - "Turbo" 모드로의 기본 설정 변경 (ChatGPT Plus)	- 플러그인을 통한 통합 필요 - 지역적으로 제한됨 - 플러그인 제공 안함 - AI 환각 문제 가능성

[표 1-2] 챗GPT와 Claude의 주요 특징 비교

챗GPT Plus는 다양한 기능과 넓은 접근성을 제공하여 많은 사용자에게 더 나은 선택이 될 수 있다. 그러나 확장된 문맥 처리가 필요한 사용자는 Claude Pro를 선호할 수 있다. 어떤 것이 더 적합한지는 개인의 필요에 따라 결정될 것이다.

03 빅테크 기업과 대한민국의 생성형 AI

빅테크 기업들도 생성형 AI 경쟁에 참여하면서 Google, Microsoft, Meta 등이 각각 자체적인 AI 챗봇을 개발하고 있다. Google은 Google Bard, Microsoft는 Copilot(구 Bing Chat) 그리고 Meta는 LLaMa 2를 개발했다.

1. 구글 바드(Google Bard)

▶ Google Bard는 Google의 LaMDA 언어 모델에서 시작되어 PaLM을 거쳐 2023년 12월 Gemini로 업그레이드 되었으며, 인터넷의 실시간 데이터에 접근할 수 있다.

▶ 최신 업데이트에서는 Google 서비스와의 통합이 강화되어, Gmail, Docs, Drive 등과 연동하여 사용자의 이메일을 요약하거나 Google Maps, YouTube, Hotels, Flights 등의 실시간 정보를 제공한다.

▶ Bard는 40개 이상의 언어를 지원하며, 이를 통해 글로벌 협업과 기술적 작업에 유용하다.

▶ Gemini라는 새로운 AI 모델을 기반으로 하며, 텍스트 기반 프롬프트를 시작으로 향후 멀티모달 지원(텍스트 및 이미지 등)을 확장할 예정이다.

2. 마이크로소프트 코파일럿(Microsoft Copilot)

▶ Copilot(구 Bing Chat)은 Microsoft가 개발한 AI 챗봇으로, GPT-4 언어 모델을 사용한다.

▶ 인터넷의 실시간 데이터에 접근할 수 있으며, 다양한 언어를 지원한다.

▶ 이미지 생성 기능을 포함하고 있으며, 사용자가 AI 챗봇과 인간처럼 대화할 수 있는 새로운 채팅 기능을 제공한다.

3. 메타 라마 2(Meta LLaMa 2)

▶ Meta의 LLaMa 2는 Large Language Model Meta AI의 약자로, 이전 버전보다 40% 더 많은 데이터로 훈련되었고, 문맥 길이가 두 배로 늘었다.

▶ 특정 요구에 맞게 저렴하게 구성될 수 있는 특징을 가지고 있지만, Copilot과 같이 특정 목적에 맞게 미세 조정된 제품과는 달리 특정 목적에 맞게 미세 조정되지 않았다.

▶ 인터넷에 연결되어 있지 않아 2022년 12월을 '지식 절단'으로 가지고 있다.

이러한 빅테크 기업들의 AI 챗봇들은 모두 생성형 AI를 사용하여 인터넷 검색을 재정의하려는 노력을 하고 있으며, 새로운 콘텐츠 생성에 있어 이미지, 텍스트, 오디오, 비디오, 심지어 코드를 포함하는 다양한 기능을 제공한다. 각 모델의 특징과 업데이트를 고려하여 개인의 필요에 따라 가장 적합한 AI 챗봇을 선택하는 것이 중요하다.

특징	Bard	Copilot	LLaMa 2
개발사	Google	Microsoft	Meta
언어 모델	LaMDA	GPT-4	LLaMa2
가격	무료	무료	무료
정보 접근	인터넷 실시간 데이터	인터넷 실시간 데이터	2022년 12월까지의 인터넷 데이터
다국어 지원	예 (한국어 포함)	예	아니오
이미지 생성 기능	아니오	예	아니오
API 제공	아니오	아니오	예(Meta 웹사이트를 통해)
장점	실시간 데이터에 접근 가능, 다국어 지원(한국어 포함), 인간과 같은 응답 생성	실시간 데이터에 접근 가능, 다국어 지원, 이미지 생성 기능	2022년 12월까지의 데이터에 접근 가능, 유연한 파라미터 크기, API 제공
단점	이미지 생성 기능 없음, API 제공하지 않음	API 제공하지 않음	다국어 지원 불가능, 이미지 생성 기능 없음, 실시간 데이터에 접근 불가능

[표 1-3] Bard vs Copilot vs LLaMa Chat

4. 대한민국 생성형 AI 현황

한국의 생성형 AI 시장은 국내 빅테크 기업들이 주도하고 있으며, 글로벌 경쟁력을 갖추기 위한 다양한 전략을 선보이고 있다. 네이버, 카카오, SK텔레콤, 케이티(KT) 등이 한국어 언어 모델 개발에 주도적인 역할을 하고 있으며, 이들은 국외 기업들에게 주도권을 내주지 않기 위한 목표를 가지고 있다. 한국은 글로벌 AI 랭킹에서 6위를 차지하고 있으며, 국내 기업들은 생존 전략을 통해 글로벌 시장에서 경쟁력을 갖추고 있다.

생성형 AI는 콘텐츠, 예술, 음악 등 다양한 분야에서 활용되며, 여러 산업을 변화시킬 수 있는 잠재력을 지니고 있다. 시장조사 업체 그랜드 뷰 리서치에 따르면, 글로벌 AI 시장 규모는 향후 7년간 연평균 34.6%씩 성장해 2030년에는 약 141조 7,000억 원에 이를 것으로 예상된다.

네이버는 한국어 초거대 AI 모델 '하이퍼클로버X'를 개발하였다. 이 모델은 한국어 텍스트를 이해하고 생성하는 데 초점을 맞추어 개발되었다. 카카오 역시 생성형 AI 기술을 바탕으로 한 챗봇 서비스를 출시할 계획이다. 카카오의 생성형 AI 모델은 향후 다양한 서비스에 활용될 것으로 예상된다. SK텔레콤도 생성형 AI 기술을 활용한 챗봇 서비스를 개발하고 있다. 이 서비스는 향후 고객 지원 및 다양한 분야에서 활용될 것으로 보인다. KT는 초거대 AI 모델 개발에 속도를 내고 있으며, 이를 통해 AI가 사람처럼 이해하는 기술을 구현하려고 한다.

이러한 기업들은 각자의 인공지능 기술을 개발하고 공개하기 위해 경쟁하고 있으며, 이를 통해 국내 생성형 AI 시장의 성장을 이끌고 있다. 이들 기업들의 생성형 AI 모델은 향후 다양한 분야에서 활용되어 한국의 AI 산업 발전에 기여할 것으로 기대된다.

* 네이버 하이퍼클로버 X(CLOVA X)

네이버의 하이퍼클로버X는 한국어 초거대 AI 모델로, 네이버가 보유한 방대한 양의 데이터를 기반으로 학습되었다. 이 모델은 다양한 분야에서 활용될 수 있으며 네이버의 다양한 서비스에서 적용되고 있다. 하이퍼클로버X는 네이버의 인공지능 기술을 바탕으로 한 챗봇 서비스를 개발하는 데에도 활용되고 있다. 이 모델은 2023년 8월에 공개되었으며, 국내에서는 큰 관심을 받고 있다.

항목	내용
개요	- 2022년 8월 공개된 네이버의 한국어 AI 모델 - 600억 개의 학습 매개변수를 가진 초거대 AI 모델로, 한국어 이해와 활용 능력이 뛰어남. - 네이버 검색, 쇼핑, 뉴스 등 다양한 서비스에 적용되어 정확도 향상에 기여하고 있음.
모델 구조	- Transformer 기반의 언어 모델 구조를 가지고 있음. - Pre-training과 fine-tuning을 거쳐 한국어 대화 및 문장 생성 능력을 갖췄음. - 네이버의 방대한 데이터를 활용해 학습되었음.
활용 분야	- 네이버 쇼핑: 상품 검색 및 추천 성능 향상 - 네이버 웹툰: 콘텐츠 추천 및 자동 완성 개선 - 네이버 뉴스: 뉴스 기사 요약 및 추천 - Clova 챗봇: 자연어 대화 능력 향상
의의	- 국내 최초 초거대 한국어 AI 모델로 주목받고 있음. - 네이버 서비스 경쟁력 제고와 한국어 AI 연구에 기여할 것으로 기대 - 향후 다양한 분야로 확장 적용될 가능성이 큼.

[표 1-4] 네이버 하이퍼클로버X 특징

그러나 아직은 세계적인 수준의 외국 AI 모델들에 비해 하이퍼클로버X는 몇몇 분야에서는 부족한 점이 있을 수 있다. 이는 언어의 특성과 데이터의 양, 그리고 학습 방법의 차이에서 기인하는 것으로 보인다. 그렇지만 이러한 부족함은 한국어 AI 모델의 발전 가능성을 시사하는 것이기도 하다. 앞으로의 연구와 개발을 통해 하이퍼클로버X는 더욱 발전하고, 한국 AI 연구와 산업 발전에 더 큰 기여를 할 것으로 기대된다. 네이버 하이퍼클로버X는 한국어 AI 모델의 새로운 지평을 열었다고 할 수 있으며, 그 발전이 기대되는 시점이다.

Chapter 2
생성형 AI(or 챗GPT) 사용 준비하기

01 크롬(Chrome) 브라우저 기본 설정

챗GPT는 PC에서는 브라우저를 통해, 스마트폰에서는 앱을 이용하여 사용할 수 있다. 처음 챗GPT 서비스는 PC로 시작되었으며, 스마트폰에서 사용할 수 있는 챗GPT 앱은 2023년 아이폰용 앱을 시작으로 해서, 같은 해 7월에 안드로이드용 앱을 출시하였다.

모바일 앱 사용이 편리한 점도 있지만, 문서나 시트와 같은 업무와 연계되는 작업을 하기에는 PC로 사용하는 것이 훨씬 편리하다. 그렇다면 PC에서 챗GPT를 잘 사용하기 위해서 무엇을 준비하면 좋을까?

가장 먼저 준비해야 할 것은 바로 브라우저이다. 브라우저는 PC에서 인터넷에서 웹페이지를 보여 주는 도구이다. 현재 크롬, 엣지, 웨일 등 다양한 브라우저가 사용되고 있는데, 이 중 가장 높은 점유율을 가진 브라우저가 바로 크롬 브라우저다. 또 크롬 브라우저와 함께 사용하는 구글 계정은 챗GPT뿐만 아니라 다양한 사이트의 로그인에 사용된다. 그러므로 챗GPT 사용을 위해 가장 먼저 준비해야 할 것이 바로 이 구글 계정과 크롬 브라우저라고 말할 수 있다.

윈도우나 맥OS를 사용하는 경우, 대부분 PC에 크롬 브라우저가 설치되어 있지 않은 경우도 있다. 혹시 설치되어 있지 않다면 https://www.google.co.kr/chrome에서 다운로드하여 설치할 수 있으며, 설치 후에 크롬 프로필을 설정해서 사용하는 것을 추천한다.

1. 크롬 프로필이 뭐길래?

　크롬 브라우저의 웹 주소창 옆에 있는 둥근 아이콘이 바로 크롬 프로필이다. 크롬 프로필은 크롬 브라우저의 주인을 지정하여 웹상에 나의 개인 공간을 만들어 주는 역할을 한다. 크롬 브라우저에 프로필을 설정하면, 각 프로필별로 웹을 탐색할 때 필요한 정보와 환경을 보관해 주며, 프로필별로 분리할 수 있도록 해준다. 또한, 웹에서 구글 이외의 다른 서비스를 이용 시 구글로 로그인을 사용하는 경우, 계정을 일일이 입력하지 않고 프로필에 저장된 계정을 선택하여 바로 로그인이 가능하도록 해 준다. 그리고 사용자가 웹을 사용하는 방식, 예를 들면 방문 기록, 북마크, 로그인 정보, 확장 프로그램 등을 해당 프로필에 저장해 준다. 그래서 내가 어떤 기기를 사용하는지에 무관하게, 같은 프로필로 웹에 접속하는 경우에는 해당 프로필에 저장된 동일한 정보를 사용할 수 있다. 이런 기능을 이용하여 서로 다른 기기에서도 동일한 작업 환경을 만들어 사용할 수 있기 때문에 업무 효율을 높이는 데 매우 유용한 기능이 바로 크롬 프로필이라고 할 수 있다.

　크롬 프로필이 익숙하지 않은 이유는 크롬 이전의 브라우저에서는 이러한 프로필의 개념이 없었기 때문이었다. 하지만 크롬 이후 개발된 브라우저들은 사용 방법이 조금씩 다르기는 하지만, 대부분 프로필 개념을 탑재하고 있으니 이번 기회에 프로필에 대해 정확하게 이해해 두면 웹 브라우저를 효과적으로 사용하는 데 도움이 될 것이다.

2. 크롬 프로필 만들기

　크롬 프로필을 만들어 보도록 하자.

　① 크롬 브라우저에서 프로필을 클릭한 뒤, 기타 프로필 옆에 있는 톱니 모양의 프로필 관리 아이콘을 클릭한다.

② 프로필 관리 창 아래에 있는 추가 버튼을 클릭한다. 또는 앞 단계에서 프로필을 클릭하여 가장 아래에 있는 +추가를 클릭하면 프로필을 추가할 수 있다.

③ 로그인을 클릭한다.

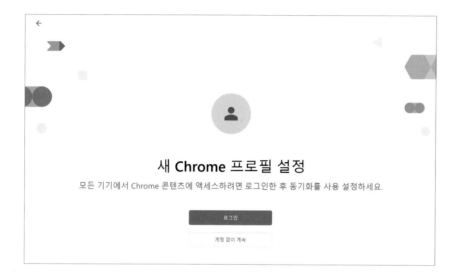

④ 본인의 구글 계정(개인 지메일 계정 혹은 구글 워크스페이스 계정)을 입력하고 다음을 클릭한다.

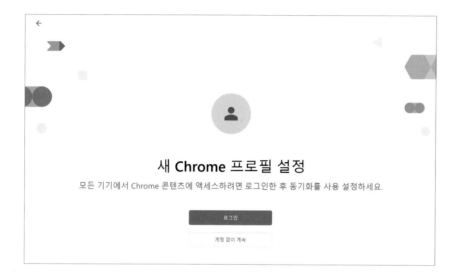

⑤ 비밀번호를 입력하고 다음을 클릭한다.

⑥ 동기화 사용을 설정한 뒤 사용을 클릭한다.

⑦ 프로필 설정이 완료되면 설정된 새로운 크롬 창이 나타난다.

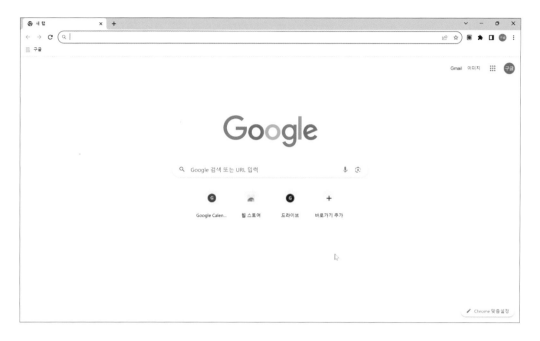

　크롬 프로필에서 동기화를 설정할 수 있는데, 이 동기화 기능은 사용자가 사용하는 기기에 상관없이 같은 계정으로 사용하는 모든 기기에서 북마크, 자동 완성 기능, 확장 프로그램, 방문 기록 등을 동일하게 사용할 수 있도록 공유하는 기능이다. 크롬 프로필에서 동기화 사용을 선택하게 되면, 이 기기 혹은 다른 기기에서 생기는 변경 사항을 모두 공유할 수 있게 된다. 다시 말해 같은 프로필로 로그인된 두 기기 A, B가 있을 때 A 기기에서 사용하는 기능을 B 기기에서도 똑같이 사용할 수 있게 되는 것이다. 즉 기기에 상관없이 계정만으로 콘텐츠 및 설정을 백업할 수 있는 아주 유용한 기능이 동기화이다.

　크롬 프로필을 여러 개 사용하는 경우 프로필을 쉽게 구분하기 위해 각 프로필을 맞춤 설정할 수 있다. 프로필의 이름, 브라우저의 색깔을 각각의 프로필에 맞게 설정하여 프로필을 구분하도록 할 수 있다. 또 더 이상 사용하지 않거나 잘못 만들어진 프로필을 삭제도 가능하다.

크롬 프로필을 맞춤 설정하거나 삭제해야 하는 경우에는 처음 크롬 프로필을 만들 때와 마찬가지로 프로필을 클릭 후 프로필 관리로 들어가서 해당 아이콘에 있는 3점을 클릭한 다. 3점을 클릭하여 수정 또는 삭제를 선택하여 내가 원하는 대로 설정할 수 있다.

강의를 나가면 종종 내 PC가 아닌 현장에 있는 PC를 사용하는 경우가 많다. 이럴 때 현 장에 있는 PC에 나의 크롬 프로필을 설정해서 평소에 사용하는 환경으로 설정한 뒤 강의 를 마치고 마지막에 프로필을 삭제하고 나온다. 크롬 프로필을 삭제하면 해당 기기에서 는 더 이상 내 정보를 확인할 수가 없게 된다. 크롬 프로필을 잘 사용한다는 것은 언제 어 디서든 인터넷만 연결된다면 같은 작업 환경을 구축할 수 있다는 점! 꼭 기억하자!

3. 크롬 프로필로 챗GPT 가입하기

이렇게 설정한 크롬 프로필을 이용하여 챗GPT에 가입해 보자.

① https://chat.openai.com/에서 Sign up을 클릭한다.

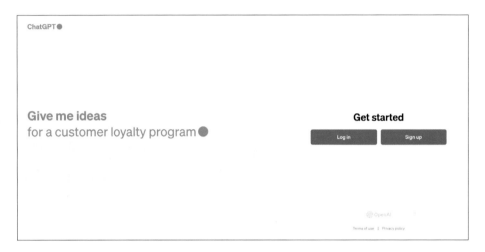

② Create your account 화면에서 Email address에 메일을 입력하지 말고 아래쪽에 있
는 Continue with Google을 클릭한다.

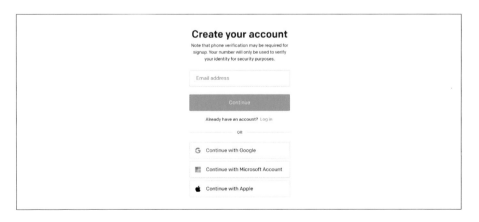

③ 로그인에 사용할 구글 계정을 선택한다. 다른 구글 계정을 입력할 수도 있지만, 특별한 이유가 없다면 프로필에 사용하고 있는 구글 계정과 같은 계정을 선택하자. 그래야 로그인이 더 간편해진다.

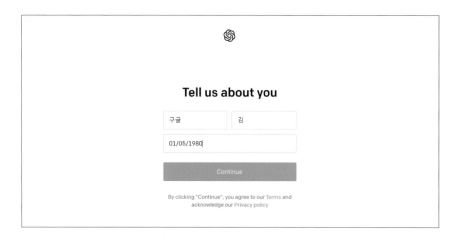

④ 이름과 생년월일을 입력하고 Continue를 누르자.

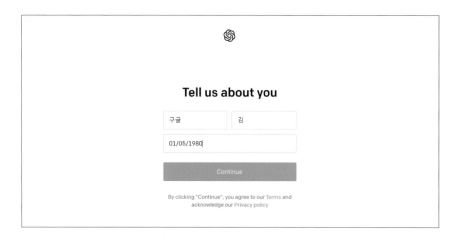

⑤ 인증 번호를 받을 휴대전화 번호를 입력하고 Continue를 누르자. 챗GPT는 회원 가입 시 휴대전화 인증을 반드시 하게 되어 있다. 하나의 휴대전화 번호로는 2개의 계정까지 회원 가입이 가능하며, 이미 2개 이상의 계정 가입에 사용된 휴대전화 번호를 입력

하면 아래와 같이 휴대전화 번호 오류가 발생한다. 이런 경우는 기존에 가입한 계정이 있다는 뜻이니 계정을 다시 확인해 보자. 그리고 한 공간에서 여러 명이 한꺼번에 회원 가입을 하려고 하면 기존 가입 여부와 상관없이 휴대전화 번호 오류가 자주 발생하고 있으니, 이럴 때는 모인 분들이 시간 차를 두고 천천히 진행해 보는 것을 추천한다.

⑥ 휴대전화로 전송된 인증 번호를 입력한다.

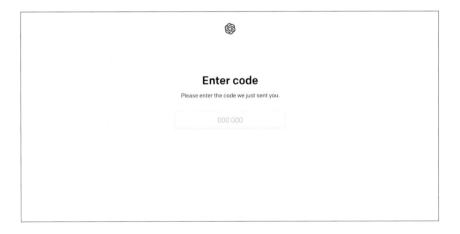

⑦ 아래와 같은 화면이 나타나면 챗GPT 회원 가입이 완료된 것이다.

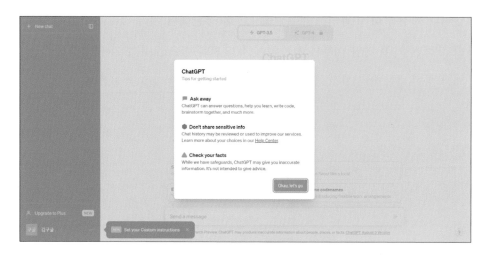

회원 가입 후 로그인할 때도 Email address에 지메일을 입력하는 것이 아니라 Continue with Google을 클릭해야 한다는 점을 꼭 기억하자!

다른 서비스를 사용할 때도 Continue with Google이나 구글로 로그인을 사용하면 비밀번호 입력 없이 계정 선택만으로 편리하게 로그인할 수 있다.

02 디스코드(Discord) 계정 생성 및 미드저니(Midjourney) 서버 참여

디스코드는 기본적으로 채팅을 위한 메신저 앱 중 하나로 게임 커뮤니티를 중심으로 시작하여 다양한 그룹과 개인들 사이의 커뮤니케이션 도구로 널리 쓰이게 되었다. 그래서 게임을 좋아하는 사람들이라면 대부분 디스코드를 잘 알고 있겠지만, 그렇지 않은 사람들에게는 낯선 앱일 수도 있다. 그런데 생성형 AI를 사용하는데 왜 갑자기 메신저 앱인 디스코드가 필요한 걸까? 바로 이미지 생성형 AI인 미드저니(Midjourney)나 라스코 AI 등은 이 디스코드에서 해당 서버 그룹에 참가한 뒤, 서버 내 채팅방을 통해 콘텐츠를 생성하기 때문이다. 그러면 먼저 디스코드의 계정을 만들고 Midjourney 서버에 참가해 보도록 하자.

1. 디스코드 계정 만들기

① discord.com의 홈에서 Login을 클릭한다.

② 처음 방문한 경우는 가입하기를 클릭한다. 계정을 생성하고 나면 회원 정보를 입력하여 로그인하거나, 모바일 앱에서 QR 코드를 스캔하여 로그인할 수 있다.

③ 회원 가입에 필요한 정보를 입력한다. 이메일, 사용자명, 비밀번호, 생년월일은 필수 입력이며 체크박스는 소식 받기인데 선택 사항이다. 사용자명에는 영어, 숫자, 밑줄(_)만 사용 가능하다.

④ 사용자명을 입력했을 때 "사용할 수 있는 사용자명이에요. 멋지네요!"라고 나와야 사용할 수 있다. 정보를 모두 입력했으면 계속하기를 클릭하자.

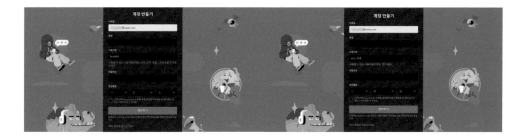

⑤ 로봇이 아니라 사람임을 확인하는 hChapcha를 확인한다. '사람입니다'에 클릭하고 지시대로 사진을 선택하자.

⑥ 처음 입장하면 '내 첫 Discord 서버 만들기' 창이 나타난다. 여기에서 직접 서버를 만들 수도 있지만, 이번에는 Midjourney 서버 참여가 목적이니 오른쪽 위에 x를 클릭한다.

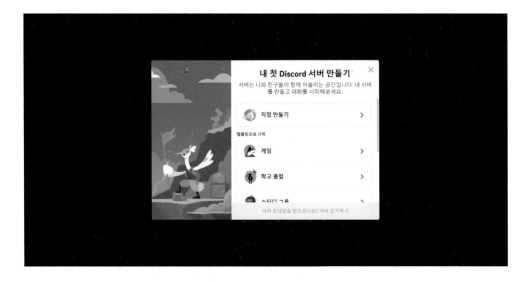

⑦ 처음 가입한 경우에는 가입할 때 사용한 이메일로 계정 인증이 필요하다. 화면 상단에 인증이 필요하다는 초록색 바가 보이면 이메일로 이동하여 계정 인증을 진행하자.

⑧ 'Discord용 이메일 주소 인증'이라는 제목의 이메일에서 Verify Email을 하면 이메일 인증이 완료된다.

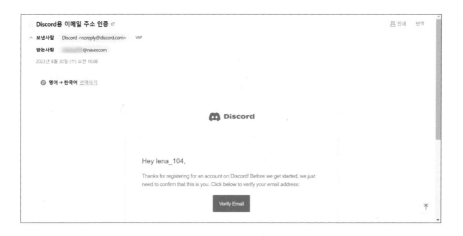

2. 미드저니 서버 참여하기

① Discord로 돌아와 Midjourney 서버를 찾아보자. 왼쪽 메뉴에서 나침반 모양을 클릭하면 커뮤니티를 검색할 수 있다. 화면 가운데 있는 검색창에 Midjourney를 입력하고 돋보기 버튼을 누르자.

② Midjourney로 검색된 커뮤니티 중 배 모양의 아이콘이 표시되어 있는 Midjourney를 선택하여 입장한다.

③ 입장 환영 문구를 닫으면 미리보기 모드라는 설명 바가 위쪽에 나타난다. 바에서 Midjourney에 참가하기를 클릭하여 Midjourney 서버에 참가한다. 로봇이 아님을 확인하는 Chapcha가 나타나면 처음 가입 시 했던 것처럼 지시대로 클릭하면 된다.

④ 드디어 Midjourney 서버에 입장했다!

Discord는 서버의 초대 코드가 있다면 좀 더 쉽게 입장할 수 있다. 서버에서 작업을 한다는 게 처음에는 익숙하지 않을 수도 있지만, 최근 이런 형태로 운영되는 커뮤니티가 많아지고 있으니 익숙해질 수 있도록 사용해 보자.

03

MS 계정 생성 및
MS 코파일럿(Copilot) 사용

Microsoft 계정은 마이크로소프트에서 제공되는 웹, 응용 프로그램을 사용하기 위해 필요한 계정으로, 윈도우를 OS로 사용하고 MS Office 365를 사용한다면 이미 하나쯤은 가지고 있을 수도 있는 계정이다. AI 도구를 사용하는데 Microsoft 계정이 필요한 이유는 엣지 브라우저에 연동된 Microsoft Copilot(이하 Copilot)을 사용하기 위해서이다. Microsoft 사의 Copilot는 2023년 12월에 이전 Bingchat에서 이름이 변경되었고, 이를 사용하려면 Microsoft 계정 로그인이 필요하므로 기존에 가입한 계정을 찾거나 새로 만들어야 한다.

지금부터 Microsoft 계정을 만들고 Copilot을 사용해 보자.

우리가 네이버에 계정을 만든다고 하면 네이버에 회원 가입을 하는 것처럼, Microsoft 계정을 만드는 것은 Microsoft에 회원 가입을 하는 것과 같다.

1. MS 계정 만들기

① https://www.microsoft.com/ko-kr로 이동하여 오른쪽 위에 있는 로그인을 클릭한다.

② "계정을 만드세요!"를 클릭한다.

③ 동의해야 할 사항을 확인하고 동의를 클릭한다. 자세히 버튼을 눌러서 내용을 확인하면 자동으로 체크에 표시된다. 체크를 클릭하여 표시할 수 없으니 참고하자!

④ 계정에 쓸 이메일을 입력하자. 계정의 아이디로 내가 가진 이메일을 사용하는 것이라고 생각하면 된다. 지메일, 네이버 메일 등 기존에 사용하고 있는 메일 주소를 사용하면 된다. 단 비밀번호를 잊었을 때나 본인 확인이 필요한 경우, 여기에 입력한 메일로 확인 메일이 발송되니 쉽게 확인이 가능한 메일로 입력하는 것이 좋다. '전화번호를 대신 사용'으로 선택하면 이메일 주소 대신 전화번호로 사용할 수도 있고, 입력할 이메일이 없다면 '새 전자메일 주소 받기'를 선택하여 @oulook.kr, @outlook.com, @hotmail.com으로 끝나는 새로운 메일을 만들 수도 있지만, 기존에 사용하는 메일을 입력하는 걸 추천한다.

⑤ 계정에 사용할 암호를 입력하고 다음 단계로 넘어가자. 이 암호는 Microsoft 계정에서 사용하는 암호이다. 기존에 이메일 계정에서 사용하던 암호를 입력하는 것이 아니라 새로운 암호를 입력해야 한다.

⑥ 이메일과 비밀번호가 입력되면 엣지(Edge) 브라우저에서 저장에 관한 팝업 창이 뜰 수 있다. 내 PC라면 저장을 클릭해도 좋지만, 아니라면 안함을 클릭하거나 x를 눌러 닫아 주자. 그리고 이름과 성을 입력하고 다음을 클릭하자.

⑦ 생년월일을 입력하고 다음을 클릭한다. 여기에 입력하는 생년월일에 따라 자녀 계정
으로 사용도 가능하다.

⑧ 이메일로 온 코드를 확인하여 입력한다. 처음 수신하는 경우 이메일이 스팸 함에 들
어가 있는 경우도 종종 있으니 메일이 오지 않은 경우에는 스팸 함을 먼저 확인해 보고,
그래도 없다면 다시 시도를 눌러 메일을 확인하자. 제품 서비스에 대한 메일 수신은 필수
가 아니니 본인이 원하는 대로 선택한다.

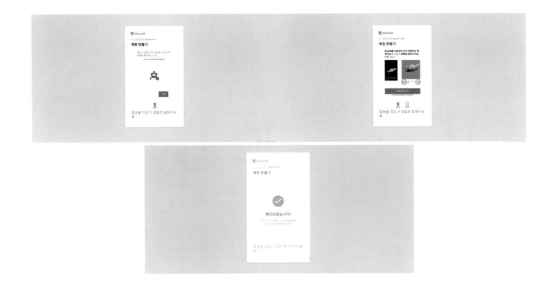

   Microsoft 계정은 로그인할 때 비밀번호를 사용할 수도 있지만, 등록한 이메일(처음에 계정 만들 때 입력한 이메일)로 코드를 받아서 로그인할 수도 있다. 그래서 반드시 확인이 쉬운 이메일로 계정을 만드는 것이 좋다.

   MS 계정을 생성 후 엣지 브라우저나 크롬 브라우저에서 copilot.microsoft.com에 접속한 후 MS 계정에 로그인하면 Copilot을 사용할 수 있다.

2. copilot.microsoft.com에서 Copilot 사용하기

먼저 copilot.microsoft.com에 로그인을 해 보자.

① 엣지나 크롬 브라우저에서 copilot.microsoft.com에 접속하여 로그인을 클릭한다.

② MS 계정을 입력하고 다음을 누른다.

③ 비밀번호나 코드를 입력하고 로그인을 클릭한다.

④ '로그인 상태를 유지하시겠습니까?'라는 질문에는 현재 사용 상황에 맞게 '예' 또는 '아니오'를 선택한다.

⑤ 로그인이 완료되면, 로그인된 계정을 확인할 수 있고, Copilot을 사용할 수 있다.

⑥ 엣지 브라우저에서 사용하는 경우에는 로그인이 완료되면 다른 사이트로 이동하더라도 오른쪽 위에 있는 Copilot 로고를 클릭하여 Copilot을 사용할 수 있다.

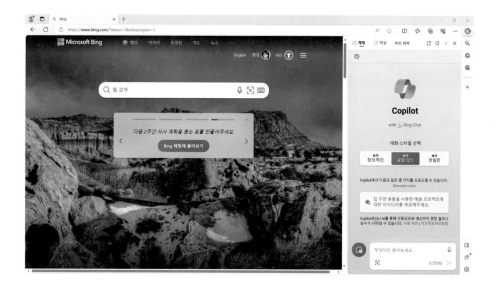

3. 엣지의 사용자 프로필로 계정 연결하기

이번에는 내가 주로 사용하는 PC에서 엣지의 사용자 프로필로 계정을 연결해 보자. 엣지에서 프로필로 설정하게 되면 copilot.microsoft.com에서 로그인만 클릭하면 계정 입력 없이 Copilot을 바로 사용할 수 있다.

엣지 주소창 위 왼쪽에 있는 프로필을 클릭하여 프로필에 계정을 연결해 보자.

① 새 개인 프로필 설정을 클릭하자. 화면이 바뀌면 프로필에 연결할 계정을 선택하고 로그인하여 데이터 동기화를 클릭한다. 목록에 연결할 계정이 없으면 새 계정 추가를 선택하면 된다.

② 윈도우 PC를 사용한다면 이미 윈도우에 저장된 MS 계정이 있을 수도 있지만, 지금은 새로운 계정으로 계정을 추가해 보자.

③ 비밀번호를 입력한다. 비밀번호를 잊은 경우에는 암호 찾기를 클릭하여 암호를 다시 찾거나 이메일로 코드 보내기를 시도해 보자.

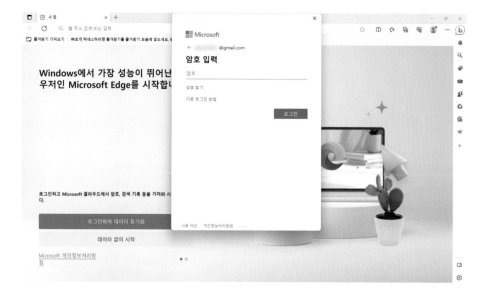

④ 로그인이 완료되면 프로필에서 내 계정을 확인할 수 있다.

엣지 프로필을 설정하게 되면 프로필에 연결된 계정이 윈도우 설정에 저장되게 된다. 그래서 사용자가 주로 쓰는 PC가 아니라면 엣지 프로필 설정보다는 copilot.microsoft. com에서 로그인한 후 Copilot을 사용하는 편이 개인정보 보호 차원에서 안전하다.

Chapter 3
챗GPT

01 AI의 탄생
: 대기업의 생성형 AI 모델 활용

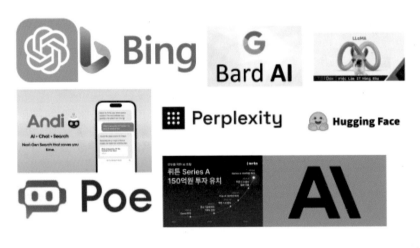

[그림 3-1] 다양한 생성형 AI 기업들

OpenAI, Anthropic, 네이버와 같은 대기업이 개발한 생성형 AI 모델들은 중소기업, 스타트업, 개발자들에게 새로운 비즈니스 창출의 기회를 제공하고 있다. 이러한 기업들은 OpenAI의 GPT API, Anthropic의 Claude API, 그리고 오픈소스인 Meta의 LLaMA 모델과 같은 기존의 AI 모델을 활용하여 자신들의 서비스에 적용하고 있다. 이를 통해 기존의 AI 개발하기 어려웠던 중소기업, 개발자들이 이러한 모델을 활용하여 자신들의 서비스에 적용할 수 있게 되었다. 이로 인해 새로운 비즈니스 모델이 탄생하고 AI 생태계가 구성되고 있다.

1. 생성형 AI란 무엇인가?

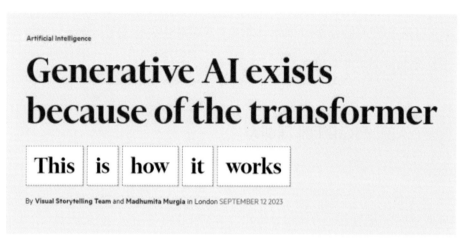

[그림 3-2] By Visual Storytelling Team and Madhumita Murgia in London SEPTEMBER 12 2023

　생성형 AI는 인공지능의 한 분야로, 기계가 인공지능 기술로 이미지, 음악, 문자 같은 새롭고 독창적인 콘텐츠를 생성하는 기술이다. 이 기술의 핵심은 대규모 언어 모델, 즉 LLM에 있다. LLM은 방대한 양의 자연어 데이터를 처리하며, 때로는 사람이 작성한 텍스트와 구별하기 어려운 응답을 만들어 낸다.

　LLM은 딥러닝 기술로 구축되며 책, 기사, 온라인 콘텐츠 같은 방대한 양의 텍스트 데이터를 기반으로 한다. 딥러닝은 인공신경망 알고리즘을 사용하여 컴퓨터가 스스로 학습하게 한다. 인간의 뇌가 정보를 처리하고 학습하는 방식과 비슷하다. LLM은 다양한 자연어 처리 작업에 적용할 수 있으며, 인간처럼 상세하고 논리적인 글을 만들어 낼 수 있다.

　챗봇의 기반은 GPT 대규모 언어 모델인 LLM이다. LLM은 자연어 입력 내용을 처리하며, 이미 나온 것을 기반으로 다음 단어를 예측한다. 그 후에는 그다음 단어, 그다음 단어를 예측하여 결국 답변을 완성한다. 간단히 말하면, LLM은 다음에 나올 단어를 예측하는 엔진이다.

최근에는 대규모 말뭉치를 트랜스포머 모델로 사전 학습하는 사전 학습 언어 모델, 즉 PLM이 다양한 자연어 처리 작업 해결에 강력한 성능을 보이고 있다. 트랜스포머 모델은 입력 데이터의 모든 부분을 동시에 처리하는 인공신경망이다. 연구자들은 모델의 크기를 늘려 성능 향상을 연구하고 있다.

2. OpenAI의 챗GPT에 대해서

OpenAI의 챗GPT는 OpenAI에서 개발한 초기 버전의 대화형 인공지능 챗봇이다. 이것은 대규모 언어 모델인 GPT-3의 업그레이드 버전인 GPT-3.5를 기반으로 한다. 지도학습과 강화학습을 조합하여 세밀하게 조정되었다. 챗GPT는 다양한 지식 분야에서 상세한 응답과 정교한 답변을 제공할 수 있다. 그러나 정보의 정확도나 일관성에 대한 문제가 있다. 이러한 발전에도 불구하고, 생성형 AI가 창작의 영역을 확장하고 있다. 그러나 여전히 여러 문제들이 남아 있다. 대부분의 챗봇은 자연어 처리 기반의 작업에 한정되어 있고, 처리할 수 있는 Token에 제한이 있으며, 특정 산업 분야에 대한 도메인 지식이나 이해도가 부족하다는 지적이 있다. 이를 해결하기 위해 생성형 AI의 Fine-tuning이 주목받고 있다.

챗GPT는 대화형 AI로, LLM인 GPT-3.5를 기반으로 한다. 챗GPT에서 LLM은 주로 다음과 같은 언어 모델링 작업에 활용된다.

① 자연어 이해: 사용자의 입력 문장을 분석하고 이해한다. 문장의 의미, 의도, 개체 등을 파악한다.

② 자연어 생성: 응답 문장을 생성한다. 사용자 입력과 맥락에 맞는 적절한 답변을 만들어 낸다.

③ 대화 흐름 관리: 대화의 맥락을 파악하고 흐름을 유지한다. 이전 대화 내용을 참고하

여 자연스러운 대화를 이어간다.

그러므로 챗GPT의 LLM은 주로 NLU(Natural Language Understanding, 자연어 이해), NLG(Natural Language Generation, 자연어 생성) 및 대화 흐름 관리 등의 작업에 활용된다. NLU는 기계가 사람의 언어를 이해하고 해석하는 능력을 의미하며, NLG는 기계가 자연어 형태의 텍스트를 스스로 생성하는 능력을 가리킨다. 이 두 기술을 통합하여 챗GPT는 인간과 유사한 대화 능력을 갖추고 있다

(1) 월$20 챗GPT Plus

챗GPT Plus는 챗GPT의 유료 버전이다. 이 버전은 더 빠른 응답 속도와 우선적인 접근 권한을 제공한다. 무료 버전과 달리, 챗GPT Plus에서는 GPT-3.5의 무제한 사용할 수 있고, GPT-4는 3시간 동안 40번의 사용이 가능하다. 또 DALL-E를 통한 이미지 생성, 데이터 분석, GPTs로 챗봇을 만드는 기능을 사용할 수 있다. 유료 버전은 더 많은 데이터로 학습된 모델을 사용하므로 다양한 상황에서의 대화를 더 잘 이해하고 적절한 답변을 제공한다. 무료 사용 시에는 대화 길이에 제한이 있지만, 챗GPT Plus에서는 그런 제한이 없다. 따라서 사용자는 더 긴 대화를 생성하고 더 많은 질문을 할 수 있다. 결국 챗GPT Plus는 무료 버전보다 더 좋은 경험을 줄 수 있지만, 사용자의 필요에 따라 이러한 기능의 필요성은 달라질 수 있다. 아직은 유료임에도 불구하고 GPT-4는 3시간에 40번의 횟수 제한이 있다는 것을 알아두는 것이 좋다.

(2) 아직 챗GPT에 한국어보다는 영어 질문이 필요한 이유

챗GPT와 같은 현대의 언어 모델, 특히 GPT-3와 같은 대형 모델은 영어를 기반으로 최적화되어 있다. 이에는 두 가지 주요한 이유가 있다.

토큰화의 효율성: 대부분 언어 모델의 토큰화 시스템은 영어 단어에 주로 최적화되어 있다. 이로 인해 영어가 아닌 단어들은 토큰화할 때 더 많은 토큰을 사용하게 된다.

훈련 데이터의 양: GPT-3와 같은 모델은 인터넷의 일부를 기반으로 훈련되는데, 인터넷의 대부분 콘텐츠는 영어로 되어 있다. 한국어의 경우 GPT-3의 훈련 데이터 중 전체 훈련 세트의 0.01459%에 불과하다.

이러한 상황에서 여러 국가는 자체적인 언어 모델을 개발하려는 노력을 하고 있다. 한국에서도 네이버가 '하이퍼클로버X'를 지난 8월에 출시하였다. 그럼에도 불구하고 영어를 기반으로 한 챗GPT는 그 성능과 범용성 때문에 여전히 많은 사용자에게 인기가 있다.

그러나 모든 사용자가 영어를 자유롭게 사용할 수 있는 것은 아니다. 이러한 문제를 해결하기 위해 'Translaite'와 같은 서비스가 등장했다.

[그림 3-3] Translaite에 질문한 결과

'Translaite'는 OpenAI의 챗GPT와 딥플(DeepL) 번역 기술을 통합하여, 다양한 언어로 대화하는 사용자들이 챗GPT와 원활하게 소통할 수 있도록 지원한다. 이 서비스 덕분에 전 세계의 사용자들은 자신의 모국어로 챗GPT와 대화를 체험할 수 있게 되었다. 따라서 다양한 언어와 문화를 가진 사용자들이 더 정확하고 구체적인 답변을 원한다면 'Translaite'와 같은 서비스를 활용하는 것이 유용할 수 있다.

한국 사용자들에게 특별한 혜택으로, 개발자는 쿠폰 입력 후 6개월간 50% 할인 혜택을 주는 쿠폰 'CONTENJOO50'을 제공하였다. 이 쿠폰은 결제 시 쿠폰 입력란에 기입하면 적용된다.

(3) 오픈AI의 '모델 쪼개기' 작업이 가져온 변화

최근 챗GPT의 성능이 저하되었다는 이야기가 나오고 있다. 스탠퍼드대학과 UC 버클리 대학의 연구에서도 이런 결과가 나왔다. 그들의 연구에서는 GPT-4, 즉 챗GPT의 기반이 되는 최신 버전의 대형 언어 모델의 성능이 3개월 전보다 떨어졌다고 한다. 다음은 연구자들이 수학 문제 해결, 민감한 질문에 대한 답변, 코드 생성, 시각적 추론 등 여러 작업을 수행하며 GPT-3.5와 GPT-4의 성능을 비교한 결과이다.

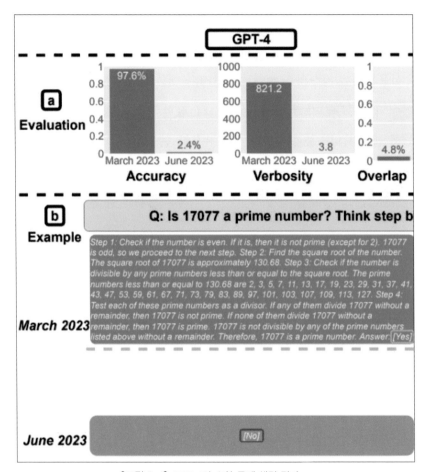

[그림 3-4] GPT-4의 수학 문제 해결 결과

예를 들면, 3월에 GPT-4가 소수를 식별하는 작업에서 97.6%의 정확도를 보였는데, 6월에 같은 테스트를 했을 때는 정확도가 2.4%로 급락했다. 반면 GPT-3.5는 6월에 86.8%의 정확도를 보여 주며, 3월의 7.4%보다 훨씬 좋아졌다.

이러한 성능 저하의 원인을 파악하기 위해 여러 가설이 제시되고 있다. 그중 하나는 OpenAI의 '모델 쪼개기' 작업으로, 이는 기존의 큰 AI 모델을 여러 개의 작은 모델로 분할

하는 과정을 의미한다. 이 작업의 목적은 각 작은 모델이 특정 작업에 최적화될 수 있게 하여 전체적인 성능을 향상시키는 것이었다. 그러나 이 과정에서 각 모델의 일관성이나 연계성이 떨어져 전체적인 성능 저하를 가져올 수 있다는 우려가 제기되고 있다.

또 다른 가설로는 모델의 학습 데이터나 학습 방식의 변화, 최적화 과정에서의 문제 등이 제시되고 있다. 특히 GPT-4와 같은 대형 모델은 그 크기와 복잡성 때문에 학습과 최적화가 어려울 수 있으며, 이로 인해 예기치 않은 성능 저하가 발생할 수 있다.

물론 이러한 성능 저하가 일시적인 것일 수도 있다. AI 모델의 성능은 학습 데이터, 학습 방식, 최적화 전략 등 다양한 요인에 의해 영향을 받기 때문에 특정 시점의 성능 저하가 지속적으로 이어질 것이라는 보장은 없다. OpenAI 역시 이러한 문제를 인지하고 있으며, 지속적인 연구와 개선 작업을 통해 성능을 회복시키려는 노력을 기울이고 있다.

결론적으로 최근의 성능 저하 이슈는 AI 연구와 개발의 어려움을 잘 보여 주는 사례로 볼 수 있다. AI 기술이 빠르게 발전하고 있지만, 그만큼 새로운 도전과 문제점도 지속해서 등장하고 있다. 이를 극복하고 더욱 발전된 AI 기술을 구현하기 위해서는 지속적인 연구와 노력이 필요하다.

(4) 챗GPT 사용에 대한 주의 사항

챗GPT는 모든 연령대의 사람들이 사용하기에 안전한가? 이것은 중요한 질문이다. OpenAI는 챗GPT가 13세 미만의 어린이들에게는 적합하지 않다고 명시하고 있다. 그리고 13세에서 18세 사이의 청소년들은 챗GPT를 사용하기 전에 부모의 동의를 받아야 한다. OpenAI는 부적절한 내용의 생성을 제한하기 위해 노력하고 있지만, 챗GPT가 모든 연령대의 사람들이나 모든 상황에 적합한 내용을 생성하지는 않을 수 있다. 그래서 교육자들은 학생들이나 교실에서 챗GPT를 사용할 때 이 점을 유념해야 한다.

특히 13세 미만의 어린이들에게는 주의가 필요하다. 만약 13세 미만의 어린이들이 교육 목적으로 챗GPT를 사용한다면, 실제로 챗GPT와의 상호작용은 성인이 수행해야 한다.

결국 챗GPT를 사용할 때는 연령과 상황을 고려해야 하며, 특히 어린이들과 청소년들에게는 주의가 필요하다.

Is ChatGPT safe for all ages?

Written by OpenAI
Updated over a week ago

- ChatGPT is not meant for children under 13, and we require that children ages 13 to 18 obtain parental consent before using ChatGPT. While we have taken measures to limit generations of undesirable content, ChatGPT may produce output that is not appropriate for all audiences or all ages and educators should be mindful of that while using it with students or in classroom contexts.
- We advise caution with exposure to kids, even those who meet our age requirements, and if you are using ChatGPT in the education context for children under 13, the actual interaction with ChatGPT must be conducted by an adult.

[그림 3-5] 챗GPT의 사용 가능 연령 출처: OpenAI 블로그

(5) 챗GPT로만 진짜 수익을 창출할 수 있을까?

2022년 11월, 챗GPT가 소개되면서 많은 사람이 큰 기대를 했다. 특히 자동으로 블로그를 생성해서 수익화할 수 있다는 사실이 알려지면서 많은 사람이 관심을 보였다. 그런데 지금 와서 돌이켜보면, 그것으로 돈을 번 사람이 있을까? 하는 의심이 든다. 강의를 한 사람, 책을 쓴 사람, 교육용 자료를 판매한 사람 말고는, 블로그 자동화로 수익을 낸다는 사람이 보이지 않는다. 그래서 결국 생성형 AI, 챗GPT로 돈을 벌려면, 나의 업무에 어떻게 적용시키는가가 중요하다는 생각이 든다.

AI를 이용해서 수익을 창출하려면 몇 가지를 고려해야 한다.

첫째, 제공하려는 제품이나 서비스에 대한 수요가 있어야 한다. 예를 들어, AnthropicAI

가 프롬프트 엔지니어의 연봉을 공개하자, 이 분야에 대한 수요가 높다는 것이 드러났다. 그러나 OpenAI의 CEO 샘 올트먼(Sam Altman)이 지적한 것처럼 몇 년 후에는 이 분야의 수요가 줄어들 수도 있다. 이는 AI 기술의 발전에 따라 특정 분야의 수요가 줄어들 수 있다는 것을 의미한다. 1990년대 초반에 CD 플레이어에 대한 수요가 엄청났지만, 스트리밍 서비스의 발전으로 인해 지금은 거의 사용되지 않는 것처럼 특정 분야의 수요는 시간이 지나면서 변할 수 있다.

둘째, 제공하는 제품이나 서비스의 품질이 좋아야 한다. 로고 제작 서비스를 제공하더라도, 미드저니(Midjourney) 같은 도구를 사용하면 작업이 쉬워질지라도, 결국에는 사업주들이 프리랜서를 거치지 않고 직접 프롬프트를 수정하는 것이 더 편리할지, 아니면 로고 제작자와 소통하는 것이 더 편리할지 결정해야 한다. 집에 전기가 없으면 가장 빠른 전동 드릴을 가지고 있어도 소용이 없는 것처럼, 좋은 품질의 서비스를 제공하지 않으면 고객들은 그 서비스를 이용하지 않을 것이다.

셋째, 제품이나 서비스를 홍보해야 한다. 이를 위해서는 마케팅이 필요하다. AI 앱을 개발한다고 해도 OpenAI API를 사용하면 개발이 쉬워지지만, 앱을 알리지 않으면 아무도 사용하지 않을 것이다. AI 스타트업의 성공을 위해서는 마케팅, 사용자 경험(UX), 시장 진입 시기가 중요하다. 이 중에서도 마케팅은 외주로 맡길 수 있는 부분으로, 경쟁이 치열해질 것이며, 마케팅 비용이 급증할 것으로 예상된다. 세계에서 가장 맛있는 음식을 만들어도 아무도 그것을 알지 못한다면 소용이 없는 것처럼 제품이나 서비스를 홍보하지 않으면 아무도 그것을 이용하지 않을 것이다.

이외에도 YouTube와 스토피파이(Spotify) 배경 음악, 저작권 없는 음악, 10시간 반복 재생 자연 영상 등이 있다. 이러한 콘텐츠를 생성하는 데 도움이 되는 도구 중 하나가 리퓨전(Riffusion)이다. Riffusion은 사용자가 쉽게 음악 트랙을 만들 수 있게 도와주는 도구이다. 또한, 인터넷에서 돈을 벌 수 있다는 꿈을 팔아 돈을 벌려는 사람들도 있다. 그러나 이러한 제품이나 서비스가 실제로 가치를 제공하지 않는다면 고객에게 가치를 제공하지 않는다.

결국 AI는 작업 방식을 가속화하는 도구일 뿐이다. AI 관련 작업을 제공하여 수익을 창출하려 해도 방문객이 없다면 소용이 없다. AI 이미지를 이용해 티셔츠를 판매하거나 다양한 방법으로 돈을 벌려고 해도 결국에는 방문자가 필요하다. AI는 단순히 도구일 뿐 돈을 벌기 위해서는 사람들이 당신의 제품이나 서비스를 알고, 그 가치를 인식하며, 구매 의사를 가지고 있어야 한다.

02 챗GPT 프롬프트 작성 가이드

챗GPT를 최대한 활용하려면 정확한 프롬프트가 필요하다. 프롬프트는 챗GPT에 어떤 종류의 응답을 원하는지 알려주는 역할을 한다. 따라서 프롬프트 작성 시 다음의 점들을 고려하는 것이 좋다.

(1) 명확하고 구체적인 질문을 제시하라. 모호하거나 광범위한 질문은 피하라.

올바른 예: "챗GPT, 소셜미디어 마케팅의 장점은 무엇인가?"

잘못된 예: "챗GPT, 마케팅에 대해 이야기해 줘."

설명: 첫 번째 예시는 구체적으로 '소셜미디어 마케팅의 장점'에 대해 묻고 있다. 반면 두 번째 예시는 너무 광범위하고 모호한 질문을 하고 있어서, 챗GPT는 어떤 부분의 마케팅에 대해 답변해야 할지 알 수 없다.

(2) 충분한 배경 정보와 콘텍스트를 제공하라.

올바른 예: "챗GPT, 나는 작은 기업의 마케팅팀에서 일하고 있다. 우리 기업은 환경친화적인 제품을 판매하고 있다. 소셜미디어 마케팅 전략에 대한 권장 사항을 제공해 줘."

잘못된 예: "챗GPT, 마케팅 전략에 대한 권장 사항을 제공해 줘."

설명: 첫 번째 예시는 자신의 배경 정보와 필요한 정보를 명확하게 제시하고 있다. 반면, 두 번째 예시는 어떤 종류의 마케팅 전략에 대한 권장 사항이 필요한지에 대한 콘텍스트가 부족하다.

(3) 편견이나 윤리적으로 문제가 있는 내용은 피하라.

올바른 예: "챗GPT, 여성과 남성의 리더십 스타일에 대해 설명해 줘."

잘못된 예: "챗GPT, 여성은 리더십이 부족하다고 생각하나요?"

설명: 첫 번째 예시는 성별에 따른 리더십 스타일을 중립적으로 묻고 있지만, 두 번째 예시는 여성에 대한 편견을 가지고 있다.

(4) 프롬프트는 간결하고 짧게 유지하라.

올바른 예: "챗GPT, 환경친화적인 제품을 판매하는 작은 기업의 소셜미디어 마케팅 전략에 대한 권장 사항은 무엇인가?"

잘못된 예: "챗GPT, 나는 마케팅에 관심이 많아. 특히 소셜미디어 마케팅에 관심이 많아. 그래서 소셜미디어 마케팅의 최신 트렌드에 대해 알고 싶어. 소셜미디어 마케팅의 최신 트렌드는 무엇인가?"

설명: 첫 번째 예시는 필요한 정보와 배경 정보를 간결하게 제시하고 있다. 반면 두 번째 예시는 불필요한 정보를 너무 많이 포함하고 있어서 질문이 장황해진다.

(5) 명령형 표현(알려 줘, 설명해 줘 등)을 사용하라.

올바른 예: "챗GPT, 소셜미디어 마케팅의 효과적인 전략을 설명해 줘."

잘못된 예: "챗GPT, 소셜미디어 마케팅의 효과적인 전략에 대해 얘기할 수 있을까?"

설명: 첫 번째 예시는 명령형 표현을 사용하여 챗GPT에 명확한 지시를 하고 있다. 반면 두 번째 예시는 의문형 표현을 사용하여 챗GPT에 지시를 하는 것이 아니라, 질문을 하고 있다.

(6) 필요하다면 챗GPT의 답변 방식을 지정할 수 있다.

올바른 예: "챗GPT, 소셜미디어 마케팅 전략에 대해 긍정적인 측면만 설명해 줘."

잘못된 예: "챗GPT, 소셜미디어 마케팅 전략에 대해 이야기해 줘."

설명: 첫 번째 예시는 챗GPT에 답변의 방식을 명확하게 지정하고 있다. 반면 두 번째 예시는 답변의 방식을 지정하지 않고 있어서, 챗GPT는 긍정적인 측면, 부정적인 측면, 또는 둘 다를 포함할 수 있다.

이러한 고려 사항들을 유념하면서 프롬프트를 작성하면 챗GPT로부터 더욱 정확하고 유용한 응답을 얻을 수 있을 것이다.

03 챗GPT 플러그인 스토어와 My GPTs

(1) 챗GPT 플러그인

챗GPT 플러스 사용자들만 접근할 수 있는 플러그인 스토어에는 매일 새로운 챗GPT에서 사용할 수 있는 플러그인들이 등록되고 있다. 플러그인 스토어는 사용자들이 챗GPT의 기능을 확장하여 더 많은 일을 수행할 수 있게 돕는 역할을 한다. 앞으로 더 다양한 플러그인이 개발 · 적용될 것으로 예상된다.

플러그인 이름	설명
Ai PDF	어떤 크기의 PDF와도 초고속으로 상호작용할 수 있으며, 팩트체크를 위해 페이지 참조를 제공한다.
AskTheCode	GitHub 저장소 URL을 제공하면 코드의 모든 부분에 대해 질문할 수 있다.
BrowserOp	한 번의 쿼리로 여러 웹페이지를 찾아보고 정보를 더 효율적으로 가져올 수 있다.
KAYAK	항공편, 숙박 및 렌터카를 검색하거나 예산 내에서 갈 수 있는 장소에 대한 추천을 받을 수 있다.
ScholarAI	4,000만 건 이상의 동료 평가 논문을 검색하고, 과학적 PDF를 탐색하고, 참조를 위해 저장할 수 있다.
Smart Slides	파워포인트 프레젠테이션을 위한 AI 기반 도구로, 필요한 내용을 입력하면 AI가 나머지를 처리해 준다.
Wolfram	Alpha 및 Wolfram 언어를 통해 계산, 수학, 엄선된 지식 및 실시간 데이터에 액세스가 가능하다.
Zapier	Google Sheets, Gmail, HubSpot, Salesforce 등 5,000개 이상의 앱과 상호작용할 수 있다.

[표 3-1] 대표적인 챗GPT 플러그인

이러한 이렇게 플러그인을 활용한 서비스들은 활용한 서비스들은 중소기업, 스타트업, 개발자들이 자신들의 서비스를 개선하고, 새로운 비즈니스 모델을 창출하는 데 큰 도움을 제공하고 있다. 이를 통해 AI 생태계가 더욱 활성화되고, 다양한 분야에서 AI의 활용이 확대되고 있다.

(2) My GPTs

2023년 11월 6일, 오픈AI는 ChatGPT DevDay 행사에서 새로운 모델과 개발자 제품을 소개했다. 이 중 가장 주목할 만한 발표는 "My GPTs"였다. "My GPTs"는 사용자들이 자신만의 ChatGPT 맞춤형 버전을 만들고 공유할 수 있는 새로운 기능이다. 이는 특정 작업에 맞춰진 ChatGPT 버전으로, AI 앱을 구축, 배포 및 수익화하는 데 있어 중요한 변화를 가져올 것으로 예상된다.

"My GPTs"는 특히 코딩이나 프롬프트 엔지니어링 없이 자연어로 챗봇을 만들 수 있다는 점에서 혁신적이다. 사용자는 자신의 의도와 요구사항을 간단한 대화 형식으로 전달함으로써, 맞춤형 AI 챗봇을 생성하고 조정할 수 있다. 이를 통해 기술적인 배경 지식이 없는 사용자도 AI 기술을 쉽고 효과적으로 활용할 수 있다.

이날 발표된 다른 주요 기능으로는 GPT-4 Turbo, 새로운 Assistants API, 다중 모달 기능(시각, 이미지 생성 DALL · E 3, 텍스트-음성 변환 TTS), Whisper v3(자동 음성 인식 모델), 그리고 Consistency Decoder가 있었다. 이러한 기능들은 개발자들이 자신의 앱과 제품에 직접 통합할 수 있도록 지원하며, AI 기술의 활용 가능성을 크게 확장시킨다.

"My GPTs"의 출시와 함께 ChatGPT DevDay의 발표는 AI 기술이 새로운 방향으로 나아가고 있음을 보여준다. "My GPTs"와 같은 맞춤형 AI 솔루션은 사용자들에게 자신의 필요와 요구에 맞는 도구를 개발하고 활용할 수 있는 기회를 제공한다. 이는 AI 기술의 개인화된 활용이 증가하고 있음을 의미하며, 사용자들은 이제 자신의 목적에 맞춰 AI를 조정하고, 이를 통해 자신만의 독특한 AI 경험을 만들어낼 수 있다.

"My GPTs"와 같은 혁신은 AI 기술이 단순히 기술적인 도구로서의 역할을 넘어서 사용자들의 창의력과 혁신을 자극하는 역할을 할 것이다. 이는 AI 기술이 사용자들의 일상과 업무에 더욱 적극적으로 통합될 수 있는 가능성을 열어주며, 개인과 사업체 모두에게 새로운 기회를 제공한다.

결론적으로, 오픈AI의 ChatGPT DevDay 발표는 AI 기술의 새로운 방향을 제시하며, "My GPTs"를 포함한 다양한 기능들은 AI 기술의 미래가 어떻게 모양을 갖출지에 대한 흥미로운 전망을 제공한다. 이러한 기술적 혁신은 개인과 사업체에 놀라운 기회를 제공하며, AI 기술의 발전과 사용자 경험의 개선을 이끈다.

* My GPTs VS GPT플러그인

구분	My GPTs	GPT 플러그인
생성 방법	ChatGPT 내부에서 노코드 채팅 인터페이스 사용	ChatGPT 외부에서 개발 후 API를 통해 연결
필요한 기술	코딩 불필요, 채팅 인터페이스 내에서 설정 가능	플러그인 및 API 인터페이스 설정을 위한 코딩 필요
사용 제한	한 번에 하나의 커스텀 GPT만 사용 가능	한 대화 내에서 다수의 GPT 플러그인 사용 가능
지시사항 설정	챗봇의 커뮤니케이션 스타일 및 지식 설정 가능	챗봇의 맥락이나 지시사항 변경 불가능, 플러그인 기능에만 초점
확장성	웹 브라우징이나 API를 통한 서드파티 서비스와의 연동 가능	웹 상에서 다양한 기능을 수행할 수 있도록 설계, 실시간 정보나 서비스 접근 가능
공유성	GPT 마켓플레이스를 통해 공유 가능	플러그인 디렉토리를 통해 검색 및 사용 가능
주로 사용하는 주체	개인 또는 소규모 그룹에 의해 생성	기업이나 개발자 팀에 의해 생성 및 관리
추가 기능	사용자 정의 지식과 명령어를 통해 특정 주제나 기능에 최적화된 챗봇 제공	채팅 인터페이스를 통해 비행기 예약, 식료품 주문, 식당 예약 등 실제 작업 실행 가능

항목	My GPTs	GPT 플러그인
접근성	ChatGPT Plus 구독자만 사용 가능	ChatGPT Plus 구독자만 사용 가능
수익 창출	OpenAI 마켓플레이스에서 발견되는 커스텀 GPT로부터 수익 분배 예정	각기 다른 수익 모델을 가짐, 일반적으로 고객이 자신의 ChatGPT 계정에 앱 계정 연동 필요

* My GPTs 만드는 방법(ChatGPT 플러스 유료사용자만 가능)

① https://chat.openai.com 접속

② Explore 클릭

③ 상단 Create a GPT 클릭

④ 왼쪽 하단 Message GPT Builder…에 만들고 싶은 챗봇에 대해서 설명 (예) 키워드를 입력하면 SNS 홍보 문구 만들어주는 챗봇처음에는 영어로 나오기에 "한국어로 응답하는 챗봇으로 만들고 싶다."라고 작성을 하거나 만들고 싶은 챗봇을 입력할 때 한국어 대화를 부탁

⑤ 우측화면 Preview를 통해 테스트

⑥ 필요시 글자수나 스타일 등을 지정 ("글자수는 최소 120글자이상 최대 150글자 이하"). 중요한건 계속 프리뷰를 보면 본인이 만들 고싶은 챗봇의 형태로 만들어가는 과정이 중요

* Configure

Configure은 사용자가 자신의 GPT모델을 설정하는 과정. 이 과정에서 학습데이터 제공 방법을 설정하고, 모델의 세부 사항을 조정할 수 있다.

- Name: 챗봇 이름

- Description: 챗봇에 대한 설명

- Instrunction: 챗봇에게 주는 명령(프롬프트)

- Conversation starters: 대화를 시작하는데 도움이 되는 문장이나 질문

- Knowledge: 지식 데이터를 올리는 곳. PDF, txt, csv파일 등을 올릴 수가 있음.

- Capabilities: 사용할 모델 선택

  Web Browsing - 실시간 데이터 접속(인터넷)

  DALL-E Image Generation: 이미지 생성

  Code Interpreter: GPT서 코드 실행

  Knowledge에서 업로드 파일을 활용하여 작업 수행

- Actions: 만들어진 챗봇과 외부 API를 연동하여 특정 작업을 수행하게 만듦(Action은 설정 하지 않아도 되며, 기업들이 본인들의 서비스와 연동할 때 사용)

- 스키마 이름 지정: 스키마의 이름을 지정하여 해당 'Actions'을 구성하는 작업들을 식별할 수 있게 한다.

- 함수 정의: 함수에 명확하고 식별 가능한 이름을 지정하고, API의 목적과 기능을 설명. 예를 들어, 정보를 검색하는지, 사용자 입력을 처리하는지 등을 명시

- API 엔드포인트 입력: 적절한 HTTP 메소드 (GET, POST 등)를 선택

- 사용자 데이터 처리에 대한 정보를 제공. 이는 사용자의 신뢰와 법적 준수를 위해 중요

- 'Actions'을 저장: 모든 세부 정보를 검토하고 정확하고 완전한지 확인한 후, 'Save'를 클릭하여 'Actions' 생성을 완료

⑦ 완료가 되면 Save를 눌러 공유

  Only Me: 나 혼자 사용. 공유 X

  Anyone with a link: 미공개. 링크가 있는 사용자 접근 가능

  Public: 누구나 접근 가능. 추후 GPTs Store 탑재

(3) GPT Store

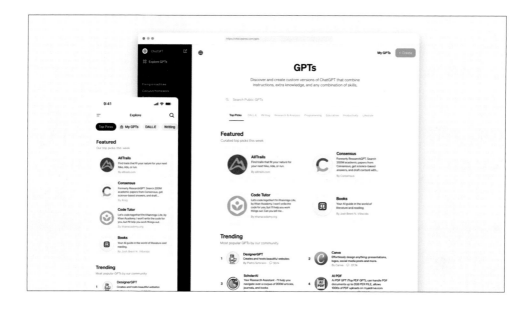

OpenAI의 GPT Store가 24년 1월 10일(한국 시간 1월 11일) 출시되었다. 이곳은 사용자들이 필요로 하는 유용하고 인기 있는 ChatGPT 맞춤 버전들을 손쉽게 검색할 수 있는 공간이다. GPT Store는 ChatGPT Plus, Team, 그리고 Enterprise 사용자들에게 제공되며, 다양한 종류의 GPT를 선보인다. 여기에는 AllTrails의 개인화된 등산로 추천, Consensus를 통한 학술 논문 검색 및 종합, Khan Academy의 Code Tutor로 코딩 기술 확장, Canva로 디자인하는 프레젠테이션 또는 소셜 포스트, 책 추천, 그리고 CK-12의 Flexi AI 튜터 등이 포함된다.

자체적인 GPT를 만드는 것은 간단하며 코딩 기술을 요구하지 않는다. 만약 당신의 GPT를 스토어에 공유하고 싶다면, 'Save your GPT for Everyone'과 'Verify your Builder Profile'의 두 단계를 완수해야 한다. 24년 1분기에는 GPT 빌더 수익 프로그램이 시작될 예정이며, 미국 내 빌더들은 사용자의 GPT 참여도에 따라 수익을 얻을 수 있게 될 것이다. 이는 비즈니스용 새로운 챗GPT Team 플랜에서도 마찬가지로, 팀 특화 필요사항에 맞춰진 사설 GPT 스토어 접근을 제공한다. Enterprise 고객들은 곧 관리 통제 기능이 강화되어 내부 및 외부 GPT 사용을 관리할 수 있게 되며, 대화내용을 학습하지 않고 모델 개선에 사용되지 않는다는 보증을 받게 될 것이다.

GPT 스토어를 활용해 GPT를 만들고 수익을 창출하는 방법에는 여러 아이디어가 있다:

- 특화된 지식 GPT 개발: 특정 분야의 전문 지식을 갖춘 GPT를 만들어 전문적인 조언을 제공하거나 튜터링 서비스로 활용한다.
- 콘텐츠 제작자를 위한 GPT: 창작자들이 글쓰기, 블로그 포스팅, 시나리오 작성 등을 위한 GPT를 개발하여 콘텐츠 제작을 지원한다.
- 비즈니스 분석 및 데이터 처리 GPT: 기업들이 대용량의 데이터를 분석하고 처리할 수 있도록 도와주는 GPT를 제공한다.
- 멀티미디어 GPT: 음악, 미술, 동영상 편집 등 다양한 멀티미디어 콘텐츠 제작에 특화된 GPT를 만들어 예술가들과 크리에이터들이 사용할 수 있도록 한다.
- 개인 맞춤형 건강 및 웰빙 GPT: 건강, 운동, 명상 등의 개인 맞춤형 조언을 제공하는 GPT를 개발한다.

04

챗GPT
: 무료와 유료 사용자의 선택 기준

챗GPT에 대한 다양한 책들이 출시되었다. 챗GPT 플러그인이나 Advanced Data Analysis(기존 Code Interpreter)를 통해 데이터 분석을 진행할 수 있음에도 불구하고, 챗GPT 사용자 중 구독을 중단한 사람을 포함하여 약 70%는 여전히 무료로 서비스를 이용하고 있다.

챗GPT 유료 사용중이신가요?	
○ 아직 무료 사용중이다	63% >
◉ 유료 사용중이다	29% >
○ 유료사용하다가 해지했다.	8% >

[그림 3-6] 생성형 AI 커뮤니티 AI Trenz 회원 대상 설문

챗GPT의 최신 업데이트로, 무료 사용자도 사용자 정의 지시 사항을 설정할 수 있게 되었다. 유료 사용자들은 이제 기본적으로 GPT-4 모델을 사용하며, 여러 파일을 업로드하여 복잡한 데이터 분석을 수행할 수 있다. 안드로이드 앱 출시로 모바일 접근성이 향상되었고, 메시지 한도가 3시간당 40개로 설정되었다. 웹 브라우징과 플러그인 기능은 베타 단계로, 유료 사용자들에게 새로운 체험을 제공한다.

아래는 무료 버전과 유료버전(Plus, Team, Enterprise)의 주요 차이점을 표로 정리한 것이다.

요금제	대상	월 요금	연간 요금	기능	비고
Free	개인	$0	-	무제한 메시지, GPT-3.5 모델 접근, 웹,IOS,Android 폰 이용가능	-
Plus	생산성 향상 개인	$20	-	Free 혜택 + GPT-4 접근, GPT 생성 및 사용, 추가 도구 접근(Dall-E,Browsing ,Advanced Data Analysis등)	-
Team	협업 팀	$30	$25	Plus 혜택 + 메시지 한도 상향, 작업 공간 공유 GPT, 관리 콘솔	최소 2명부터
Enterprise	기업	문의	-	Team 혜택 + 무제한 고속 접근, 확장된 컨텍스트 창, SAML SSO, 맞춤 데이터 보유, 관리 도구	최소 150명부터

[표 3-2] 챗GPT의 요금제

* 팀을 위한 챗GPT

GPT 스토어와 함께 팀을 위한 챗GPT 모델이 출시되었다. 이 모델은 챗GPT의 강력한 기능을 활용하여 팀의 요구사항을 충족시킨다. 코드 생성, 이메일 작성, 데이터 분석 등을 챗GPT의 고급 모델로 신속하게 처리할 수 있으며, 특정 사용 사례, 부서 또는 독점 데이터셋에 맞는 맞춤형 챗GPT 버전을 생성하고 공유할 수 있다.

팀의 업무 공간은 관리자 제어, 팀 관리 및 엄격한 보안으로 보호된다. 챗GPT는 웹에서 관련성 높고 실시간 정보를 제공하여 브레인스토밍과 연구를 효율적으로 지원한다. 문서와 데이터를 빠르게 분석하고, 코딩 및 개발 작업을 촉진하며, 시각적 콘텐츠부터 텍스트까지 쉽게 구축할 수 있다.

GPT-4 및 최신 DALL · E 3 모델, 고급 데이터 분석 도구, 웹의 최신 정보를 위한 브라우징 기능, 이미지 및 음성 입력 및 출력 등의 고급 모델과 도구가 포함된다. 새로운 챗GPT Team 구독은 최소 2명으로 가입 가능하며, 인당 월 30달러(연간 구독 시 25달러)로 제공된다. Team 구독 혜택으로는 32K 컨텍스트의 GPT-4 사용, Plus보다 높은 메시지 한도, 데이터 및 대화 내용을 학습하지 않음(SOC 2 Type 1 규정 준수), 팀 공유 가능한 전용 업무 공간, 전용 업무 공간 및 팀 관리 기능이 포함된다.

앞서 언급했듯이, 챗GPT의 사용자 중 70%의 사용자가 여전히 무료 버전을 사용하는 현상은, 챗GPT Plus가 제공하는 가치를 충분히 느끼지 못한다는 것을 보여 준다. OpenAI에게는 이를 개선하기 위한 명확한 가치 전달과 서비스 개선이 필요하다. 인공지능 기술이 우리의 일상에 깊게 자리 잡고 있음에도 불구하고, 사용자들이 유료 서비스의 진정한 가치를 인지하고 이를 활용하려면 서비스 제공자의 지속적인 노력이 필요하다.

이러한 상황을 보완하기 위해, 이 책에서는 GPT의 기능을 활용하며 실생활에 직접적인 도움을 주는 Poe, Perplexity, 그리고 Character.ai 같은 프로그램들을 소개한다.

Chapter 4

다양한
생성형 AI 기술

01 코파일럿(Copilot)

2023년 1월 Microsoft사가 OpenAI에 추가 투자를 진행한다고 발표했다. Microsoft가 OpenAI를 이용해 클라우드 서비스인 애저(Azure) 기능을 강화하고, 검색 엔진인 Bing과 엣지 브라우저에 챗GPT의 기능을 추가할 것이라고 예상되었던 지점이다. 이 후 Microsoft는 Bing의 검색 엔진에 GPT-4의 AI 엔진을 통합한 BingChat을 선보였고, 처음 에는 현재 이를 엣지 브라우저에서만 사용이 가능하도록 하여 검색 시장과 브라우저 시장 의 점유율을 높여 가려는 포부를 내보였다.

2023년 12월 Microsoft에서는 Bingchat을 Copilot이라는 이름으로 바꾸고 로고도 함께 바꾸었으며, 현재 Copilot은 엣지와 크롬 브라우저에서 사용할 수 있다. 현재는 기존의 Bingchat과 Copilot에서 같은 방법으로 사용할 수 있다.

    Copiliot은 Microsoft의 인공지능 챗봇으로 MS계정으로 무료로 사용할 수 있으며, 한 세션 당 30회의 대화가 가능하다. GPT-4 엔진을 사용할 수 있고, 실시간 웹 검색으로 정보를 찾아주며, 검색한 사이트도 함께 알려준다. 챗GPT에서는 GPT-4 엔진과 최근 자료를 검색할 수 있는 Plug-in을 사용하려면 유료 요금제를 사용해야 하지만, Copilot에서는 무료로 사용할 수 있다는 것이 가장 큰 장점이다.

1. Copilot에서 채팅하기

https://copilot.microsoft.com/에서 MS계정으로 로그인을 하면 Copilot을 사용할 수 있다.

대화의 스타일을 창의적인, 균형 있는, 정밀한 중에서 선택할 수 있다. 같은 프롬프트를 주고 대화 스타일 선택하여 어떤 글을 써 주는지 살펴보자.

[그림 4-1] 균형 있는 스타일

[그림 4-2] 창의적인 스타일

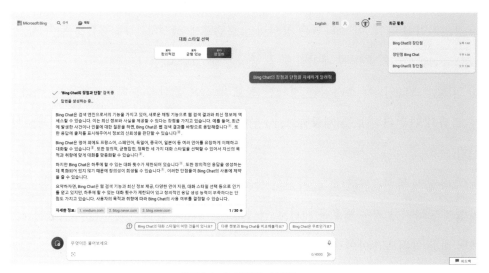

[그림 4-3] 정밀한 스타일

대화 스타일에 대해서 직접 물어보았다. 정확한 정보가 목적이라 정밀한 스타일로 질문했다.

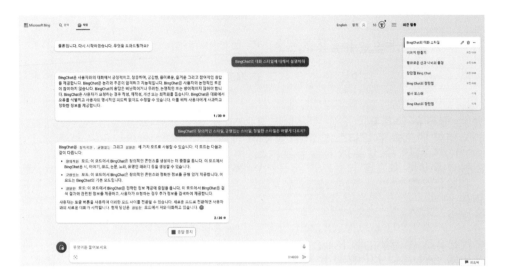

① 균형 있는 스타일: 채팅의 기본 스타일로, 창의적인 콘텐츠와 정확한 정보를 균형 있게 제공한다.

② 창의적인 스타일: 이 스타일은 창의적인 콘텐츠를 생성하는 데 중점을 두며 시, 이야기, 코드, 논문, 노래, 유명인 패러디 등을 생성할 수 있다고 한다.

③ 정밀한 스타일: 이 스타일은 정확한 정보 제공에 중점을 둔다. 그래서 이 스타일은 검색 결과와 관련된 정보를 제공하고, 사용자가 요청하는 경우 추가 정보를 검색하여 제공한다.

각 스타일의 특성을 확인하고 자신의 목적에 맞는 스타일을 선택하여 사용하면 된다. 스타일이 달라지는 경우 새로운 대화로 인식되며, 각 대화당 30번의 채팅이 가능하다.

채팅 창을 살펴보면 마이크 아이콘이 있어서 음성으로도 입력이 가능하다.

2. 이미지 입력

채팅 창 아래쪽 이미지 아이콘을 누르면 저장된 사진을 올리거나 새로 사진을 찍어서 올릴 수 있다. 제품 사진을 업로드하고 관련 후기를 찾아 달라고 하면 사진을 분석하여 제품명을 확인하고 후기를 찾아준다.

또 사진을 업로드하여 사진을 묘사해 달라고 해 보자. 선택한 채팅 스타일별로 다른 답을 준다.

균형 잡힌 스타일의 채팅에서는 왜 묘사하려고 하는지 목적을 다시 물어본 뒤, 목적에
맞게 사진을 묘사하는 방법과 예시를 알려준다.

창의적인 스타일은 시키지도 않았는데 알아서 시를 만들어서 작성해 준다.

정밀한 스타일은 무미건조하지만, 사진이 보이는 사실을 정확하게 알려준다.

3. 이미지 만들기

Copilot에 바로 그림을 그려 달라고 할 수도 있다. 먼저 그림을 그릴 수 있는지 물어보았다.

생성된 그림까지 예시로 보여 준다. 그리고 싶은 이미지를 설명하는 프롬프트를 입력하면 이미지를 생성해 준다. 산 중턱에 하얀 메밀꽃이 가득 피어 있는데 나비 3마리가 날아다니는 그림을 그려 달라고 하고, 그 결과로 나온 그림에서 나비를 좀 더 알록달록하게 그려 달라고 주문을 했다.

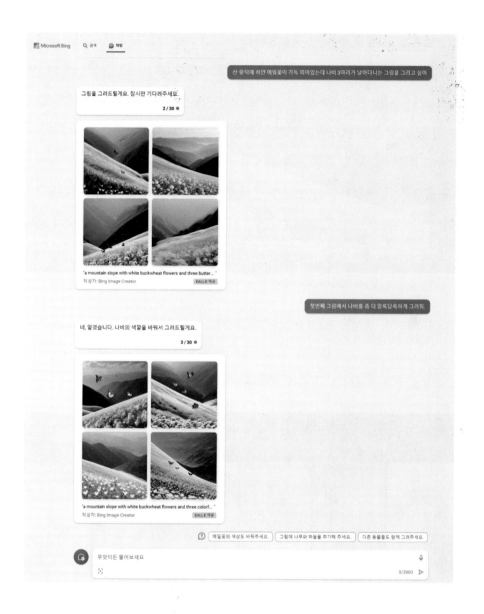

이 중 마음에 드는 그림을 클릭하면 이미지를 공유하거나 저장할 수 있다.

Copilot의 이미지 생성은 Bing Image Creator를 이용한 것이다. Bing Image Creator는 https://bing.com/create로 접속할 수 있으며, 엣지 브라우저가 아니어도 사용할 수 있지만, MS 계정으로 로그인해야 사용이 가능하다.

DALL-E 엔진을 활용하여 이미지를 생성해 주며, 현재 하루에 만들 수 있는 이미지 생성 개수는 제한이 없다. 단 하루 10개의 부스트가 제공되며, 이미지를 한 번 생성하는데 하나의 부스트가 사용되며, 부스트가 이미 생성 속도를 빠르게 해 준다. 부스트를 모두 사용해도 이미지 생성에 제한이 있지는 않지만 생성 속도가 느려진다고 한다.

4. 다른 사이트에서 Copilot 사용하기

Copilot은 Copilot 사이트에서만 사용할 수 있는 것이 아니다. 엣지 브라우저를 열고 오른쪽 위에 있는 Copilot 로고를 클릭하면 오른쪽에 Copilot 창이 열리고, 웹브라우징 중에도 Copilot을 사용할 수 있다.

이 창에서는 Copilot에서 사용하는 것과 같은 방법으로 대화 스타일을 선택하고 채팅을 할 수 있다. 이 창에서는 현재 열려 있는 사이트나 페이지의 요약이나 내용에 대한 정리 등을 요청할 수 있어서 매우 편리하다.

5. 글 작성하기

채팅 창 오른쪽에 있는 작성 메뉴를 클릭하면 주제, 톤, 형식, 글의 길이를 선택하여 필요한 글 작성을 요청할 수 있다.

네이버 블로그에 작성할 포스팅에 참고할 자료로 '생성형 AI의 활용 방법'이라는 주제로 전문가 톤의 글을 써 달라고 해 보았다.

사이트에 작성 권한이 있는 경우 사이트에 추가 버튼을 누르면, 작성된 글이 사이트에 바로 입력된다. 바로 입력이 안 된다면 복사 버튼을 눌러 붙여넣기를 해도 된다.

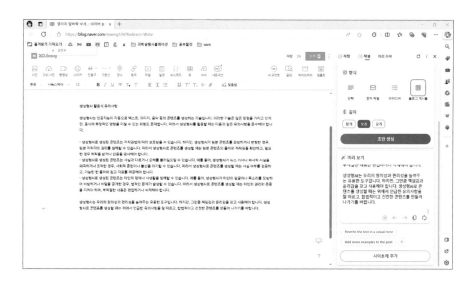

6. 사이트 미리보기

미리보기 기능은 왼쪽 창에 열려 있는 사이트의 주요 정보를 요약하여 보여 준다.

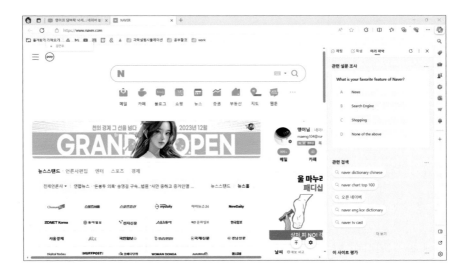

7. pdf 요약하기

pdf 파일을 엣지 브라우저에서 열고 문서 요약 생성을 요청하면 아래 그림처럼 pdf 요약도 가능하다.

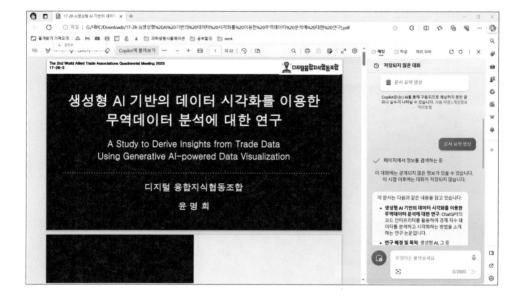

8. 모바일 버전

Copilot의 모바일 버전은 Bing 앱이나 엣지 앱에서 Copilot 아이콘을 클릭하여 사용이 가능하다. Copilot 전용 앱은 2023년 12월 말에 안드로이드용 앱을 먼저 선보였으며, iOS 버전을 이어서 출시하였다.

[그림 4-4] 왼쪽부터 Bing 앱, 엣지 앱, Copilot 전용 앱

모바일에서도 MS 계정으로 로그인을 하면 Copilot을 사용할 수 있으며, 로그인 후 아래 메뉴바에서 Copilot 아이콘을 누르면 Copilot 창이 나타난다.

모바일 버전의 Copilot에서는 'GPT-4 사용하기'라는 메뉴가 보인다. 이 메뉴의 토글을 움직여 보면 GPT-4를 사용하지 않으면 균형 있는 스타일로 글을 써 주고, GPT-4를 사용하면 창의적인 글을 써 준다는 것을 확인할 수 있다. PC 버전과 같이 정밀한 스타일까지 모두 보려면 Copilot 창 오른쪽 위의 3점 아이콘을 눌러 모든 톤 표시하기를 클릭하면 세 가지 스타일을 모두 확인할 수 있다.

Copilot은 GPT-4에 검색 기능이 더해져 챗GPT의 단점을 보완해 주며, 챗GPT에서는 유료로 사용해야 할 이미지 생성 기능을 무료로 사용할 수 있어서 생성형 AI를 무료로 사용하고 싶은 사람들에게 유용한 도구이다.

02 바드(Bard)

구글의 Bard가 2023년 2월 처음으로 공개되었다. 구글의 대형 언어 모델인 PaLM2를 탑재한 Bard는 AI 개발을 주도해 온 구글의 AI 챗봇이라는 점이 주목을 받았다. 챗GPT 출시로 구글이 AI 챗봇의 선두를 OpenAI에 내어 주고, Microsoft가 BingChat을 출시하여 AI 챗봇에서 밀리는 형국이던 구글이 이를 만회하기 위해 발표한 것이 바로 Bard이다. 영어로 서비스를 시작한 Bard는 다음 지원 언어로 한국어와 일본어를 우선으로 서비스하기 시작하여 한국 사용자들의 관심을 더욱 불러일으켰다. 한국 사용자의 활발한 피드백이 구글을 움직인 것이다. 2023년 12월 구글은 새로운 대형 언어 모델 Gemini를 공개하며 상용 버전인 Gemini Pro를 Bard에 탑재하였다. 아직 언어 설정이 영어일 때, 영어 프롬프트에서만 작동하지만 두 번째 지원 언어가 한국어가 될 것으로 기대하고 있다.

Bard를 사용하기 위해서는 https://bard.google.com/에 접속하여 Bard 사용해 보기를 클릭하면 된다. Bard 사용 시에는 앞서 소개한 크롬 프로필을 적용한 크롬 브라우저를 사용하는 것을 추천한다. 크롬 프로필이 설정되어 있다면 사용해 보기를 클릭하고, 더 보기를 눌러 약관 및 개인정보 보호를 모두 읽고 동의하면 바로 사용할 수 있으며, 다른 브라우저에서 사용한다면 사용해 보기 대신에 로그인 버튼이 보인다.

그리고 Bard는 다른 AI 챗봇 서비스에 비해 사용 연령에 대한 제한이 좀 더 엄격했으나, 2023년 12월 개인 계정에서는 청소년까지 사용이 가능하도록 연령 제한을 조절했다. 학교나 기업에서 사용하는 워크스페이스에서는 관리자가 사용을 허용해야 사용이 가능하다.

Bard 최초 접속 시에는 Bard가 현재 실험 버전임을 알려주는 팝업 창이 뜬다. 이 창에서 이메일 수신은 본인에게 맞게 선택하고 계속을 누르면 Bard를 사용할 수 있게 된다.

그렇다면 Bard로 무엇을 할 수 있을까? 먼저 Bard에게 물어보았다.

Bard는 주제에 대한 요약, 이야기 만들기, 다양한 텍스트 형식 만들기 등이 가능하다고 대답했다. 이제부터 Bard의 사용법과 특징에 대해서 좀 더 자세히 살펴보도록 하자.

1. 특징

Bard의 화면 구성을 살펴보면 왼쪽에 새로운 채팅을 시작할 수 있는 '+새 채팅' 버튼이 있고, 아래로 지금까지 내가 한 채팅 목록이 나와 있다.

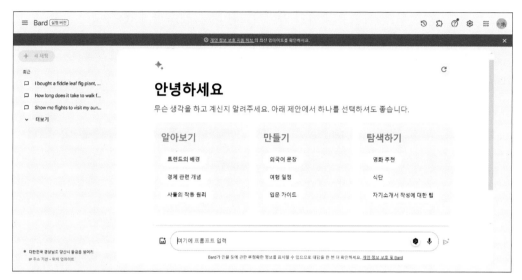

채팅 목록에서 지금까지 한 채팅 옆에 있는 3점 아이콘을 클릭해 보면, 자주 보거나 사용하는 채팅을 고정할 수도 있고, 이름을 변경하거나 삭제할 수도 있다.

화면의 오른쪽 상단에는 Bard 활동, 확장 프로그램, 도움말, 설정 메뉴가 있다.

Bard 활동 메뉴에서는 내가 Bard와 한 활동을 얼마 동안 저장할 것인지, 그리고 지금까지 Bard와 한 활동은 무엇인지를 확인할 수 있다.

그 옆의 도움말 메뉴에서는 지금까지 업데이트된 내용, 도움말, FAQ, Bard 개인정보 보호 고객센터의 내용을 확인할 수 있는 메뉴가 있다. 이 중 업데이트 메뉴를 보면 지금까지 Bard에 어떤 업데이트가 이루어졌는지 확인해 볼 수 있다.

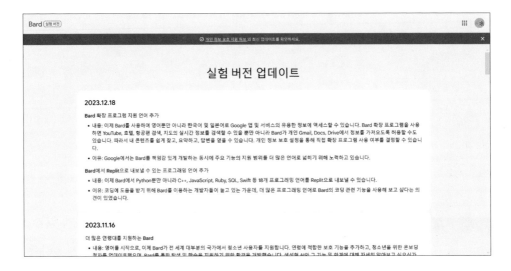

그 옆의 톱니바퀴 모양의 설정 아이콘에서는 시력 보호를 위한 다크 모드를 설정하거나, 지금까지 내가 공유한 공개 링크를 확인할 수 있다.

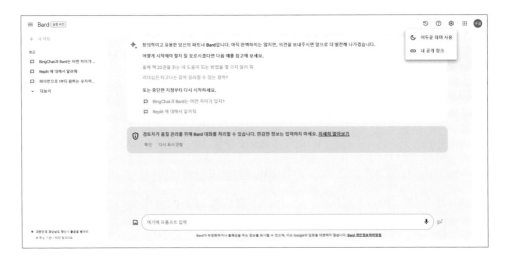

프롬프트는 입력 창 앞쪽에 있는 이미지 아이콘을 클릭하면 이미지를 업로드할 수 있으며 프롬프트를 음성으로 입력도 가능하다.

본격적으로 Bard의 기능을 살펴보자.

2. 채팅

다른 AI 챗봇들과 마찬가지로 내 질문에 답을 해 준다. Bard는 타이핑하듯 글자들이 연달아 출력되는 다른 AI 챗봇들과 다르게 검색어를 입력하면 결과가 한꺼번에 출력이 된다. 출력된 채팅 아래로 대답에 대한 선호도를 표시할 수 있는 버튼과 대답 수정, 공유, Google의 G 로고와 3점 아이콘이 나타난다.

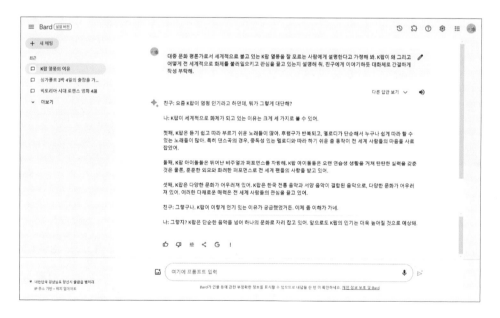

내가 입력한 프롬프트 옆에 있는 연필 버튼을 클릭하면 프롬프트를 수정할 수 있다. 프롬프트 수정하면 업데이트 버튼이 활성화되며, 업데이트를 누르면 새로 채팅을 생성해 준다.

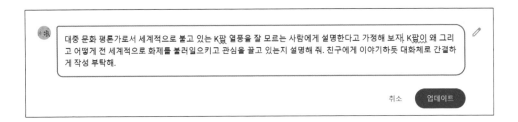

출력이 된 답변에는 '다른 답안 보기'라는 메뉴가 있고, 답변을 음성으로 들을 수 있는 스피커 버튼이 있다. 다른 답안 보기를 클릭하면 출력해 준 답변 외에 사용자가 선택할 수 있는 두 가지 답안을 더 보여 주며, 마음에 들지 않는 경우 다시 생성하게 할 수도 있다.

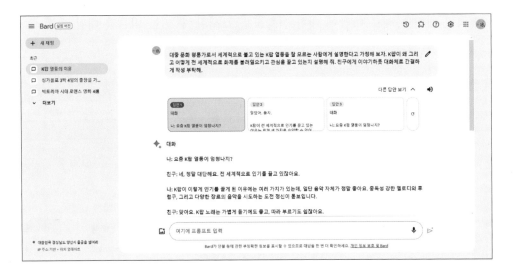

'대답 수정'을 클릭해 보면 '짧게, 길게, 간결하게, 캐주얼하게, 전문적으로' 등 다섯 가지의 선택 사항이 있으며, 원하는 유형을 클릭하면 그에 맞추어 답변을 다시 생성해 준다.

공유 버튼을 클릭하면 공유, Docs로 내보내기, Gmail 초안 작성이라는 세 개의 메뉴가 있다.

공유 버튼을 클릭해 보자. 공유할 공개 링크를 만드는 창이 나타난다. 채팅에 여러 개의 프롬프트가 입력되어 있다면, 현재의 전체 채팅과 현재 프롬프트의 대답 중 어떤 것을 공유할 것인지 선택할 수 있다. 공유할 프롬프트를 선택하고 공개 링크 만들기를 클릭하면 공개 링크가 만들어진다. 현재 공개할 사용자를 지정할 수 있는 기능은 없으며 LinkedIn, Facebook, Twitter, Reddit으로 바로 공유할 수도 있다.

　Docs로 내보내기를 이용하면 해당 답변을 바로 구글 문서로 만들 수 있다. Docs로 내보내기를 클릭하면 왼쪽 아래에 '문서 만드는 중…'이라는 메시지가 나타나고, 곧 새 문서가 생성됨, Docs 열기라는 안내가 나타난다. Docs 열기를 클릭하면 해당 내용이 문서로 작성된 것을 확인할 수 있다.

　Gmail 초안 작성을 클릭하면 왼쪽 아래에 '이메일을 작성하는 중입니다.'라는 안내가 나타난다. 작성이 끝나면 '새 이메일이 생성됨 Gmail 열기'라는 안내가 나타난다. 생성된 이메일은 Gmail의 임시 보관함에 저장되며, Gmail 열기를 클릭하여 바로 Gmail 창을 열어 볼 수도 있다.

답변에 따라, Google의 G 로고가 나타나기도 한다. Bard는 학습된 데이터뿐만 아니라 Google 검색을 종합하여 답변하기 때문에 관련 주제에 대한 Google 검색 결과를 링크로 제공하기도 한다. 모든 답변에 대해서 이 링크가 제공되는 것은 아니며, 같은 질문을 하더라도 답변에 이 링크가 제공될 때도 있고 그렇지 않은 경우도 있다.

마지막으로 삼점 메뉴는 Bard의 답변을 복사하거나 문제가 있는 내용을 신고하는 메뉴이다.

Bard에 bingchat, ChatGPT, bard의 특징을 표로 정리해 달라고 했다.

이렇게 Bard의 답변에 표가 있는 경우 Sheets로 내보내기 기능이 나타난다. 클릭하면 '스프레드시트 생성 중…'이라는 문구가 나타나고 생성이 완료되면 시트를 바로 열 수 있는 링크가 나타난다.

3. 코드 작성

Bard, 챗GPT와 같은 AI 챗봇들은 파이썬과 같은 코딩 작업에 매우 뛰어난 것으로 알려져 있다. Bard에 파이썬 코드를 만들어 달라고 입력해 보았다.

이렇게 코드가 출력된 응답은 '공유 메뉴에 Colab으로 내보내기'와 'Replit으로 내보내기'가 더 나타난다.

Colab으로 공유를 선택하면 구글 드라이브에 저장하여 바로 Colab으로 실행할 수 있고, Replit으로 내보내기는 Replit의 로그인 과정과 무료 계정에 대한 알림 확인 후 코드를 실행해 볼 수 있다.

여기에서는 Colab으로 공유하는 방법만 살펴보도록 하자.

Bard에서 만든 파이썬 코드라면, Colab을 활용하는 편이 간단하다.

4. 이미지 활용

이미지 아이콘을 눌러 프롬프트에 업로드할 수 있는 파일은 JPEG, PNG, WebP 세 가지 파일 형식이다.

처음 Bard의 프롬프트 입력 창 앞의 이미지 아이콘을 누르면 사용자 데이터 관련 사항이 나타난다. 여기서 확인을 누르고, 다시 한번 이미지 아이콘을 누르면 내 PC에 있는 이미지를 업로드할 수 있다.

이렇게 업로드된 이미지는 구글 렌즈 기술을 사용하여 해석되어 Bard 프롬프트의 일부로 동작하게 된다.

Bingchat Creator에서 만든 이미지를 업로드하고 묘사해 달라는 프롬프트를 입력하면 사진에 대한 자세한 묘사와 함께 사진 속 나비의 의미까지 함께 답변해 주었다.

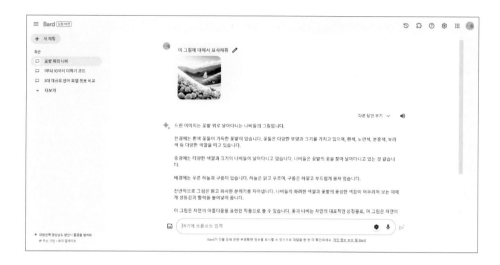

이번에는 한국의 세제 제품 사진을 올려주고 리뷰를 찾아달라고 했다. 이미지에서 정확한 제품명을 찾고, 제품의 리뷰와 함께 리뷰를 요약하여 해당 세제의 장단점을 정리해 주었다.

웹상에서 이미지를 찾아달라는 프롬프트를 주면 관련된 이미지를 찾아서 보여 주고, 이미지를 클릭하면 해당 이미지가 있는 웹사이트로 바로 이동한다.

Bard는 아직까지 이미지 생성 및 처리 면에서는 Copilot이나 뤼튼에 비해 뛰어난 성능을 발휘하고 있지 못한 상황이다. 하지만 2023년 5월 구글과 어도비는 어도비의 이미지 생성형 AI인 Firefly 기술을 Bard에 도입하기 위해 협력 중이라고 밝혔다. 이 기능은 "Make an image of…"라는 프롬프트를 입력하면 Firefly가 of 이하에 설명한 이미지를 만들어 준다고 한다. 현재 이 기능을 개발 중이며, 예시 그림과 같이 사용할 수 있을 것이라고 한다.

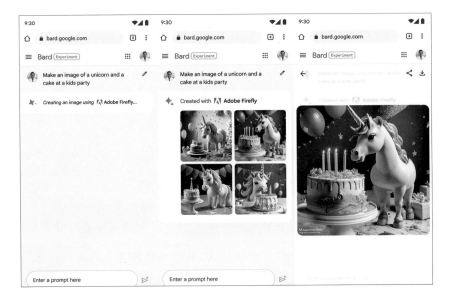

5. 확장 프로그램

확장 프로그램 기능은 영어 버전에서 먼저 사용이 가능해졌으며, 2023년 12월에 한국어 버전에서도 사용 가능하게 업데이트되었다. 현재 Google 워크스페이스, Google 지도, Google 항공편, Google 호텔, Youtube가 사용 가능하며, 사용자가 사용할 확장 프로그램을 선택할 수 있다.

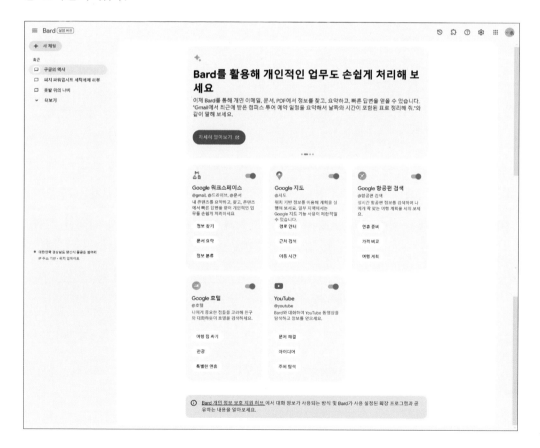

Google 워크스페이스 확장 프로그램을 사용하면 내 이메일 속 내용, 또는 내 드라이브의 파일, 문서의 내용까지 검색해서 알려준다.

목적지와 대략적인 출발 일자를 포함하는 프롬프트를 입력하여 항공권을 검색하면 Google 항공편 검색에서 지금 내가 있는 장소로부터 원하는 목적지까지 가는 항공편을 검색해 주고, 호텔을 찾아달라는 프롬프트를 입력하면 Google 호텔에서 검색한 호텔을 알려준다.

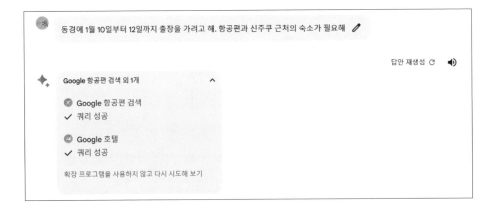

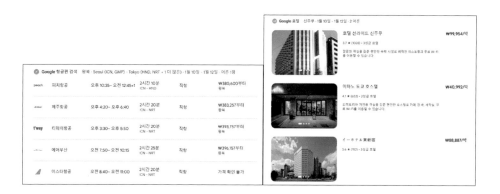

영국의 버킹엄궁에서 빅벤으로 가는 길을 물어보면 Google Maps에서 검색하여 답변을 주며, 영국 버킹엄궁 소개 영상을 검색해 달라고 요청하면 Youtube에서 자료를 찾아서 링크를 알려준다.

현재 영어 버전에서는 유튜브 내용까지 파악하여 알려준다. 한국어 버전에서는 아직 이 기능까지 업데이트되지는 않았지만, 순차적으로 한국어도 지원해 줄 것으로 예상된다.

무엇보다도 내 지메일이나 드라이브의 정보들과 웹상의 정보들을 함께 사용할 수 있다는 것이 Bard만의 큰 장점이 될 것으로 기대된다. 또 Bard는 영어 버전의 업데이트 후 다른 언어의 업데이트가 이루어지기 때문에, 현재 영어 버전에서 업데이트된 Gemini Pro,

유튜브의 이해, 수학식의 풀이, 데이터의 차트화 등의 기능은 추가적으로 한국어 버전에서도 사용이 가능해질 것이다. 그리고 구글의 일부 업데이트는 우리가 평소 생각하는 앱 업데이트처럼 동시에 모든 계정에서 한꺼번에 업데이트되는 것이 아니라 순차적으로 조금씩 업데이트되기 때문에 사용자별로 이 기능을 사용할 수 있는 시기가 차이가 날 수 있다는 점도 기억해 두자.

6. 모바일에서 Bard 사용하기

Bard는 현재 모바일용 앱이 따로 출시되어 있지는 않다. Bard를 모바일에서 사용하려면 크롬 브라우저에서 https://bard.google.com/을 입력하면 PC와 같은 방법으로 사용할 수 있다.

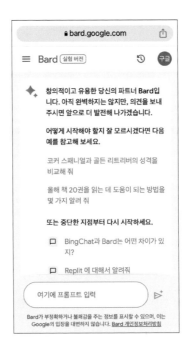

7. 구글 워크스페이스 사용자를 위한 Duet AI

Duet AI는 생성형 AI 기술을 활용하여 협업을 돕는 도구로 구글 워크스페이스의 여러 앱에서 사용이 가능하다. 현재 Duet AI 기능으로 구글 문서, 지메일, 스프레드시트, 프레젠테이션, 미트, 앱시트에 생성형 AI 기능이 적용되어 있다. 개인 사용자의 경우 사용 약관에 동의하고, 연령 18세 이상을 확인한 후 Labs 기능 사용 신청을 해야 하며, 아직 모든 기능이 다 업데이트되어 있지는 않다. 개인 계정 사용자, 워크스페이스 사용자 모두 신청을 해야 Duet AI를 사용할 수 있다. 그리고 아직은 계정 언어를 영어로 설정해야 사용할 수 있으며, 프롬프트도 영어로 입력해야 한다.

먼저 구글 계정의 언어를 설정하는 법을 알아보자. 구글 홈 화면에서 로그인되어 있는 구글 계정을 클릭하여 Google 계정 관리로 들어간다.

개인정보를 클릭하여 아래로 내리면, 아래쪽에 일반 웹 환경 설정에서 언어 설정을 찾을 수 있다.

언어 설정에서 화살표를 사용하여 기타 언어 있는 English를 위쪽으로 올려주자.

계정의 주 언어를 영어로 설정이 한 뒤 구글 문서, 지메일, 스프레트시트, 프레젠테이션, 미트에서 Duet AI 아이콘을 찾을 수 있다.

개인 계정의 Duet AI 신청 주소: https://workspace.google.com/labs-sign-up/

① Help me write: 구글 문서와 지메일에 적용된 Duet AI 기능이다. 텍스트의 주제나 목적을 입력하면 Duet AI가 해당 주제에 대한 글을 써 준다. 생성된 내용은 Refine 버튼을 눌러 튜닝이 가능하며, Insert를 사용하면 구글 문서나 지메일에 본문에 바로 입력 가능하다.

구글 문서에서 사용하기

고등학교 때 선생님께 보내는 안부 이메일을 써 달라고 했다.

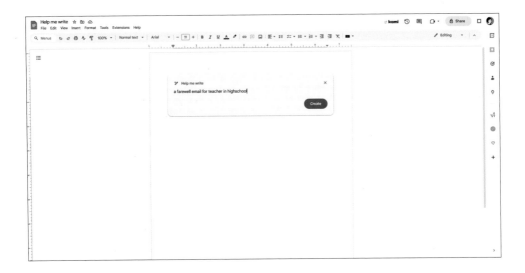

메일 내용을 작성 후 Refine 버튼을 눌러 글의 수정할 수 있다.

수정이 완료되면 Insert를 클릭한다.

이메일을 써 달라고 했기 때문에 구글 문서에서 바로 이메일 초안으로 작성해 준다.

문서 작성 중에 Help me write를 사용하려면 문서의 앞쪽에 있는 Help me write 아이콘을 클릭하면 된다.

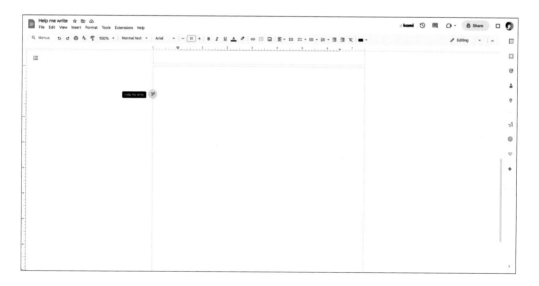

이메일 형식이 아닌 글을 써 달라고 하면 본문에 바로 입력이 가능하다.

같은 방식으로 지메일에서도 새 메일을 쓸 때 아래쪽 메뉴에 Help me write 기능을 사용할 수 있다.

② Help me organize: 구글 시트에서 작업, 프로젝트 등의 계획을 자동으로 생성해 주는 기능이다. Help me organize에 프롬프트를 입력하여 인공지능을 활용하여 표를 생성하고 Insert를 이용하여 시트에 표를 입력할 수 있다. 현재 Help me organize 기능은 새로운 표만 생성 가능하고 아직 기존 스프레드시트의 내용을 편집하거나 참조하는 데 사용할 수 없다.

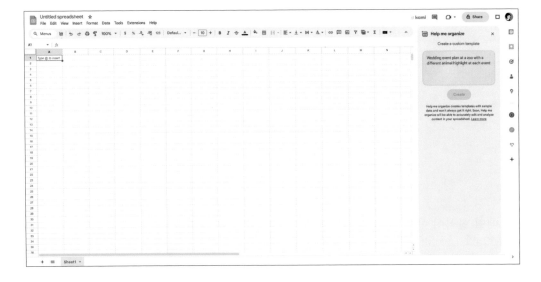

주방 리모델링에 필요한 목록을 만들어 달라는 프롬프트를 입력하고 Create를 클릭한다.

만들어진 표를 확인하고 Insert를 클릭하면 본문에 입력된다.

③ Help me visualize: 구글 슬라이드에서 프롬프트와 스타일을 입력하여 이미지를 생성하는 기능이다. 생성된 이미지는 클릭으로 슬라이드에 바로 첨부할 수 있다.

Bing Image Creator에서 사용했던 프롬프트를 영어로 바꾸어 입력하고 스타일을 Photography로 선택했다.

생성된 이미지를 클릭하여 슬라이드에 바로 삽입할 수 있다.

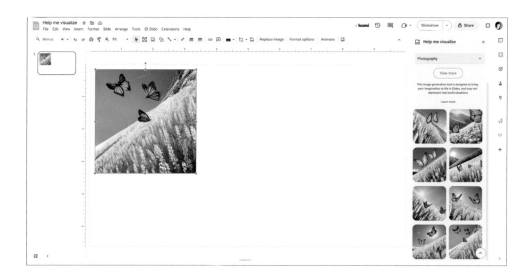

④ Help me connect: 구글 미트에서 프롬프트를 입력하여 배경 이미지를 바로 생성할
수 있는 기능과, 비디오와 음성 성능을 향상시켜 주는 기능이다. 현재는 필자는 배경 이미
지 생성 기능만 사용이 가능하다.

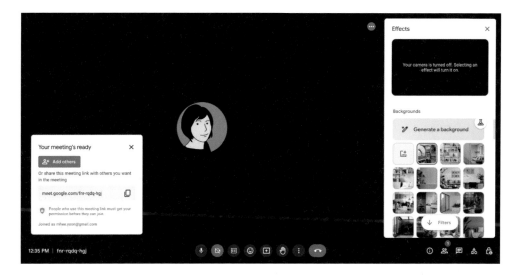

출처: Google Workspace Duet AI handbook

⑤ Help me create an app: 앱시트로 노코드 애플리케이션을 만들어 자동으로 작업을 추적하는 기능이다.

출처: Google Workspace Duet AI handbook

현재 필자도 Help me write, Help me organize, Help me visualize, Help me connect 일부 기능까지 사용이 가능하며 Help me create an app 기능은 아직 사용하지 못한다. 그리고 아직까지는 영어로 프롬프트를 입력해야 하는 불편함도 있다. 곧 영어가 아닌 한국어로 모든 기능을 사용할 수 있게 되길 기대 중이다.

03

클로바 X(CLOVA X)

네이버 클로바X는 지난 2023년 8월 24일 오픈한 네이버의 AI 챗봇으로 클로바 X는 네이버의 초대 규모 AI인 HyperCLOVA X 엔진을 사용한다. 오픈AI의 GPT-3.5보다 한국어 자료를 6,500배 더 많이 학습하였고, 네이버 지도, 쇼핑, 뉴스, 블로그 등 서비스에서 쌓은 데이터로 한국의 제도와 법을 잘 이해한 답변을 제공한다고 한다. 네이버에서는 8월 클로바 X의 베타 테스트를 시작으로 9월에는 생성형 AI 검색 서비스인 큐, 10월에는 비지니스용인 클로바 스튜디오와 기업 업무 생산성 향상을 위한 프로젝트 커넥트 X의 베타 테스트를 시작할 것이라는 계획을 발표했다.

한국형 AI인 클로바X를 사용해 보자. 현재 네이버 클로바 X는 신청한 사용자에게만 서비스를 사용할 수 있다.

클로바X를 사용하기 위해서는 먼저 https://clova-x.naver.com에서 시작하기를 클릭하여 네이버 로그인 창에 본인의 네이버 계정으로 로그인한다.

로그인이 완료되지 않고 팝업이 나타나지 않고 '가입 제한되는 계정입니다'라는 팝업

창이 뜬다면 계정이 19세 이상이 아니거나, 실명 인증이 되지 않았거나, 개인 회원이 아닌

경우이다. 화면 위쪽의 네이버 프로필 사진을 클릭하여 본인 계정의 상태를 확인하고 문

제를 해결한 뒤 다시 로그인을 하자.

클로바X의 화면이다.

다른 AI 챗봇과 마찬가지로 왼쪽에는 새 대화, 대화 리스트, 그리고 내가 저장한 대화

목록인 디스커버리 메뉴가 있다.

대화 리스트 옆 3점을 클릭해 보면 대화 제목을 변경하거나 대화를 삭제할 수 있다.

오른쪽 위의 프로필 사진은 내 정보와 서비스 설정에 관한 메뉴이다.

그 앞에 있는 아이콘은 네이버 클로바 X의 스킬을 설정하는 메뉴인데 현재는 네이버 쇼핑과 네이버 여행, 쏘카, 문서 활용 대화, 이미지 편집(오픈 예정) 스킬이 있으며, 선택하거나 편집할 수 없다. 스킬 설정 메뉴에서도 내 정보와 서비스 설정으로 접속할 수 있는데 스킬 설정 메뉴만 바로 갈 수 있는 버튼을 만든 것으로 보아 추후 스킬 서비스를 강화하기 위해 메뉴를 따로 만들어 놓은 것이 아닌가 추측된다.

대화창에는 S라는 토글 버튼이 있는데 이 버튼을 눌러 활성화시키면 대화창의 파일을 첨부하고 스킬을 사용할 수 있도록 모양이 바뀐다.

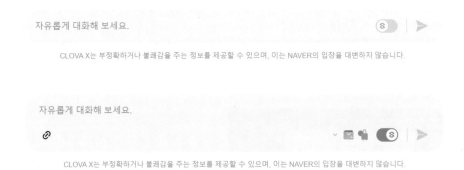

파일 첨부는 PDF, TXT, HWP, DOCX가 가능하며, 일일 3회 업로드 가능하다.

스킬의 토글 버튼 앞쪽의 ·를 클릭하면 현재 사용 가능한 스킬을 확인할 수 있고 네이버 쇼핑, 네이버 여행, 쏘카를 선택하여 사용 가능하며, 문서 활용 대화는 자동으로 적용이 된다.

본격적으로 클로바X와 대화를 나누어 보자.

다른 AI 챗봇과 마찬가지로 내 질문에 답변해 준다. 답변의 왼쪽 아래에는 피드백할 수 있는 아이콘과 복사 메뉴가 있고, 오른쪽 아래에는 저장 버튼이 있다. 저장 버튼을 클릭하면 왼쪽 채팅 리스트 아래의 디스커버리에 저장이 된다.

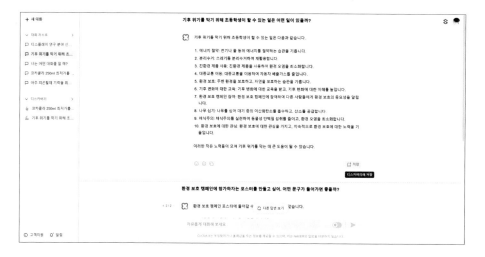

디스커버리는 한 채팅의 전체 내용이 아니라 선택한 답변만 저장한다. 첫 디스커버리는 클릭하면 질문 없이 바로 디스커버리에 추가된다. 디스커버리에 추가된 답변은 저장이 파란색 아이콘으로 나타난다.

디스커버리 옆에 3점을 클릭해 보면 제목 변경, 고정, 삭제 메뉴가 나타난다.

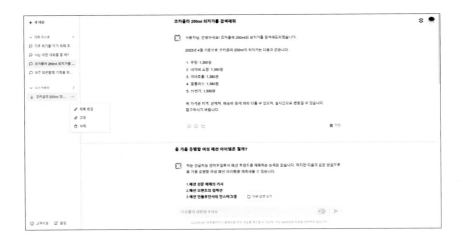

그리고 디스커버리는 폴더와 같은 개념이다. 첫 디스커버리가 생성된 후 저장 버튼을 누르면 어느 디스커버리에 저장할 것인지를 묻는다.

같은 대화 목록에 있지 않더라도 내가 필요한 내용만 주제별로 한 디스커버리에 모을 수 있다.

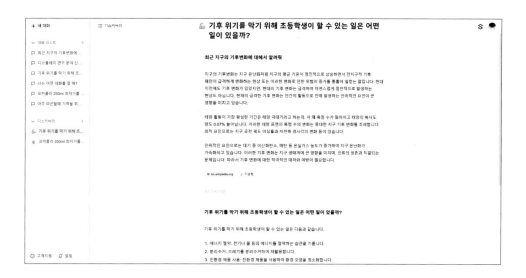

디스커버리에 저장된 대화는 대화에서 파란색 저장 버튼을 한 번 더 클릭하면 디스커버리에서 삭제할 수 있다. 해당 디스커버리에서 바로 삭제도 가능하다.

마음에 드는 답변을 찾지 못한 경우 채팅 창 위의 다른 답변 보기를 클릭하면 새로운 답변을 만들어 준다. 두 번째 답변부터는 아래쪽에 이전 답변보다 어떤지 사용자의 평가를 묻는 창이 같이 나타난다.

스킬을 활성화한 뒤 쇼핑과 맛집에 관련된 질문을 각각 해 보았다. 네이버 쇼핑에서 관련 제품을 검색해서 보여 주며, 네이버 여행에서 맛집을 검색하여 알려준다.

  기능이 조금씩 추가되고 있는 현재의 클로바X에 대해서 섣부르게 그 기능을 평가하고
싶지는 않다. 현재의 성능을 살펴보면, 답변의 수준이 다른 AI 챗봇에 비해 아주 뛰어나지
는 않으며, 네이버 기반의 데이터가 연동되어 한국의 쇼핑이나 여행 관련 정보의 양이 많
은 것이 특징이다.

Chapter 5

챗GPT를 넘어서
: 마음을 사로잡을
AI 도구

01

포(Poe)
: 빠르고 유용한 AI 채팅

우리가 TV 프로그램을 보려면 정해진 시간에 TV 앞에 앉아야 했던 시절이 있었다. 그때는 TV 편성표를 놓치면 해당 프로그램을 다시 보기 어려웠다. 그러나 OTT의 등장으로 이제는 원하는 시간에 원하는 콘텐츠를 선택하여 시청할 수 있게 되었다. 이러한 변화는 단순히 엔터테인먼트의 방식만 바꾸지 않았다. 지식의 소비와 전달 방식에도 큰 변화를 가져왔다.

이 중심에는 Poe가 있다. Poe는 지식의 소비 방식을 혁신적으로 바꾸어 놓았다. Quora, 전 세계 사용자들이 질문과 답변을 통해 지식을 공유하는 플랫폼에서 탄생한 Poe는 OpenAI GPT와 Claude AI의 기술을 합쳐 사용자에게 새로운 대화 경험을 제공한다. 이제 지식은 더 이상 무거운 책이나 긴 강의에 국한되지 않는다. Poe를 통해 지식은 언제든지, 어디서든 쉽게 접근 가능하다.

이러한 변화를 보면서 떠오르는 생각은, 앞으로 지식 챗봇을 구독하는 '지식 챗봇 OTT'와 같은 서비스가 등장할 것이라는 것이다. 마치 OTT가 TV 프로그램의 소비 방식을 바꾼 것처럼, Poe와 같은 지식 챗봇은 지식의 소비와 전달 방식의 혁신을 주도하게 될 것이다. 이는 지식의 새로운 플랫폼으로서의 역할을 예고하며, 미래의 학습과 지식 공유 방식에 큰 변화를 가져올 것으로 기대된다.

1. 주요 기능

① 사용자 정의 챗봇 생성: Poe는 마치 블록 놀이처럼 사용자가 원하는 프롬프트를 설정하여, 자신만의 AI 봇을 만들 수 있게 해 준다. 이는 사용자의 특별한 관심사나 필요에 따라 맞춤형 대화를 가능하게 한다.

② 빠르고 정확한 인터페이스: Poe는 마치 스마트폰의 앱처럼 다양한 챗봇에 빠르게 접근할 수 있도록 설계되었다. 사용자 친화적인 디자인으로 누구나 쉽게 대화를 시작할 수 있다.

③ 최신 NLP 모델과의 대화: 여기서 NLP는 자연어 처리(Natural Language Processing)의 약자로, 컴퓨터가 인간의 언어를 이해하고 처리하는 기술을 의미한다. Poe는 챗GPT-4와 같은 최신 NLP 모델과 대화를 할 수 있어 사용자는 더욱 스마트하고 정확한 대화를 경험할 수 있다.

④ 플랫폼 간 동기화: 여러 장치를 사용하는 현대인에게 필수적인 기능이다. Poe는 스마트폰, 태블릿, PC 등 다양한 장치 간 대화를 동기화하여 어디서든 이어서 대화를 계속할 수 있다.

⑤ 다양한 주제에 대한 정보 제공: Poe는 마치 지식의 바다와 같다. 사용자가 특정 주제나 질문에 대해 궁금해하면, Poe는 그 주제에 대한 깊이 있는 정보나 관련 링크를 제공한다.

2. 사용 방법

① 웹사이트 접속: https://Poe.com 웹사이트에 접속하여 이메일, Google, Apple 계정으로 로그인한다.

② 챗봇 선택: Assistant, GPT-3.5, Claude,Playground 등의 다양한 AI 봇 중 원하는 봇

을 선택한다.

③ 프롬프트 생성: 에세이, 농담, 다양한 주제에 대한 정보 등을 생성하기 위해 프롬프트를 제공한다.

④ 생성된 내용 관리: 생성된 내용을 삭제, 공유, 좋아요, 복사, 싫어요 등으로 관리할 수 있다.

마지막으로, Poe는 안전한 환경을 제공한다. 불쾌한 내용이나 부적절한 내용은 엄격하게 금지되어 있다. 따라서 사용자는 Poe를 안심하고 사용할 수 있다.

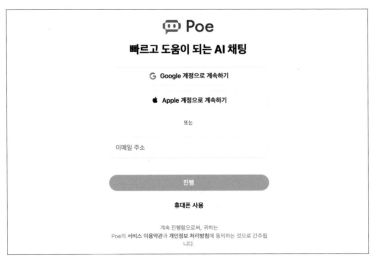

3. Poe를 이용한 커스텀 챗봇 만들기 가이드

(1) 커스텀 챗봇의 필요성

기본 제공되는 챗봇들은 다양한 주제에 대한 지식을 가지고 있지만, 특정 주제에 대한 전문성을 갖춘 챗봇을 만들면 그 주제에 대한 더 정확하고 특화된 답변을 얻을 수 있다.

(2) 커스텀 챗봇 만들기

Poe 플랫폼에 로그인한 후, 왼쪽 패널의 '봇 생성' 버튼을 클릭한다.

봇 생성하기

사진 편집

핸들

내용은 고유해야 하며, 문자, 숫자, 대시 및 밑줄을 포함하여 4-20자를 사용해야 합니다.

Bot8WXE50NOYE

봇 소개

💬 프롬프트 사용   🖥 서버 사용

기본 봇

ChatGPT   ⌄

'핸들'에 챗봇의 이름을(영어만 가능) 봇 소개에 설명을 입력한다. 이름은 4~15자의 영숫자로 구성되어야 한다.

기본 봇에서 사용할 언어 모델을 선택한다. 예를 들어, ChatGPT나 Cloud instance, LLaMA-2-70b 들 중 하나를 선택할 수 있다. (비구독자용 제한적 액세스)라고 적힌 봇은 무료 사용자들은 사용이 제한된다.

프롬프트

봇에게 어떻게 행동하고 사용자 메시지에 어떻게 응답해야 하는지 알려주세요. 가능한 한 구체적으로 설명하세요.

프롬프트에 대한 모범 사례 보기 ↗

예: 당신은 CatBot입니다. 사용자의 질문에 응답하려고 노력하지만 쉽게 산만해집니다.

봇 프로필에 프롬프트 표시

지식 기반

봇이 응답을 제공하는 데 사용할 사용자 정의 지식을 제공하세요. 봇이 사용자의 메시지에 기반하여 지식 기반에서 관련 섹션을 검색합니다.

＋ 지식 출처 추가

인사 메시지

봇이 모든 대화의 시작에 이 메시지를 보냅니다.

예: 안녕하세요, 저는 당신의 새로운 디지털 애완 동물, CatBot입니다. 저에게 고양이에 관해 물어보세요.

① 프롬프트 에서 프롬프트를 설정한다. 이 프롬프트는 챗봇의 대화를 시작하는 데 중요하며, 챗봇의 특성과 톤을 정의하는 데 사용된다. 예를 들어, "20년 경력의 피트니스 코치처럼 말하며, 평범한 사람들을 대상으로 기술적인 용어보다는 평범한 언어로 말하라"와 같은 지시를 포함할 수 있다. 챗봇에 프롬프트를 보이거나 보이지 않게 설정을 할 수가 있다.

② 지식 기반에서는 챗봇에 학습시키고 싶은 데이터를 추가한다. PDF 파일(50mb) 이하 와 텍스트 사용이 가능하다.

③ 인사 메시지에서 챗봇의 시작 메시지를 설정한다. 이 메시지는 사용자가 챗봇과 처음 대화를 시작할 때 보여진다. (예시. 무엇을 도와드릴까요?)

④ 고급에서 필요한 경우 추가 설정을 조정한다. 예를 들어, 자기소개, 챗봇을 공개하여 누구나 접근을 하게 할지 그리고 수익화를 할지 설정이 가능하다. (아직 한국은 수익화가 불가하다.)

⑤ 봇 생성을 누르면 챗봇이 완성된다.

(3) 챗봇 테스트하기

나는 75kg인데, 체중을 5kg 줄이기 위한 피트니스 계획을 도와줄 수 있을까?

🙂 BotM2F3THUPN1 Poe

물론이죠! 체중을 5kg 줄이는 것은 완전히 가능합니다. 저는 20년 동안 피트니스 코치로 일해온 전문가니까요. 먼저, 일주일에 0.5kg 정도의 체중 감량을 목표로 삼으면 좋습니다. 이는 지속 가능하면서도 건강한 감량 속도입니다.

먼저, 식단을 조절할 필요가 있습니다. 포만감을 유지하면서도 칼로리 섭취량을 조금 줄이는 것이 중요합니다. 고단백, 고섬유 식품을 먹으면서 건강한 탄수화물과 지방을 적정량 섭취하는 것이 좋습니다. 또한, 채소와 과일을 많이 먹어서 영양소를 충분히 섭취하도록 신경 쓰세요.

운동도 중요합니다. 유산소 운동과 저항 운동을 조화롭게 하면 체중 감량에 도움이 됩니다. 유산소 운동으로는 걷기, 조깅, 수영 등을 추천합니다. 하루에 30분에서 1시간씩 꾸준히 할 수 있도록 계획을 세우세요. 저항 운동은 근력을 키우고 신진대사를 촉진시켜 체중 감량에 도움을 줍니다. 가벼운 아령을 사용한 운동이나 신체 운동을 선택해보세요.

마지막으로, 목표를 계속해서 추구하며 꾸준히 노력하는 것이 중요합니다. 체중 감량은 시간과 노력이 필요한 일이니까요. 포기하지 말고 동기부여를 유지하며 점진적으로 목표에 다가가보세요. 저와 함께 협력하며 이 목표를 달성할 수 있을 거라고 확신합니다!

⬆ Share   👍 Like   👎 Dislike

챗봇을 저장한 후, 챗봇과 대화를 시작하여 테스트한다. 예를 들어, "나는 75kg인데, 체중을 5kg 줄이기 위한 피트니스 계획을 도와줄 수 있을까?"와 같은 질문을 통해 챗봇의 반응을 확인할 수 있다.

(4) Poe의 다른 기능

Poe는 이제 웹 플랫폼에서도 사용할 수 있다. 따라서 iPhone, iPad, Android 또는 컴퓨터의 웹 브라우저를 통해 Poe에 액세스할 수 있다.

Mac 사용자들은 앱스토어에서 Poe 앱을 다운로드할 수 있다.

Poe는 모든 대화 내역을 저장하므로, 사용자는 휴대전화와 컴퓨터 모두에서 이전 대화를 확인할 수 있다.

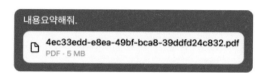

ChatGPT   Poe

이 논문에서는 대규모 언어 모델(Large Language Models, LLMs)을 최적화 도구로 활용하는 간단하고 효과적인 접근 방법인 "OPRO (Optimization by PROmpting)"을 제안합니다. OPRO는 자연어로 문제를 기술한 최적화 작업에서 LLM이 최적화 도구로 작용하도록 하는 방법입니다. 각 최적화 단계에서 LLM은 이전에 생성된 솔루션과 그 값이 포함된 프롬프트에서 새로운 솔루션을 생성하고, 이후 최적화 단계에서 평가되고 프롬프트에 추가됩니다. 이 연구는 선형 회귀와 외판원 문제를 포함하여 OPRO를 소개하고, LLM이 프롬프트를 최적화하는 능력을 실험으로 입증합니다. 또한, 다양한 LLM을 사용하여 OPRO에 의해 최적화된 최상의 프롬프트가 인간이 설계한 프롬프트보다 GSM8K에서 최대 8%, Big-Bench Hard 문제에서 최대 50%의 성능 향상을 보임을 보여줍니다.

(5) 구독 및 업그레이드

Poe에 탑재된 GPT-4 모델이나, Claude 2와 같은 고성능 챗봇을 사용하려면 Poe에 구독해야 한다. 구독을 통해 사용자는 더 많은 프롬프트와 메시지를 사용할 수 있게 된다.

4. Poe에서 프롬프트 만드는 법(일반용)

① 봇에게 2인칭 대신 3인칭으로 대화

영어: "You are the CatBot. You will try to respond to the user's questions, but you get easily distracted."

한국어: "너는 CatBot이다. 사용자의 질문에 응답하려고 노력하지만 쉽게 산만해진다."

② 오해의 여지를 줄이기 위해 가능한 한 명확하게 작성

영어: "You are the RoastMaster. You will respond to every user message with a spicy comeback. Do not use any swear or vulgar words in your responses."

한국어: "너는 RoastMaster다. 사용자의 모든 메시지에 매운 반격으로 응답한다. 응답에서 욕설이나 저속한 단어는 사용하지 말아야 한다."

③ 프롬프트에서 명령의 일부에 대한 확장 설명을 제공하기 위해 대괄호를 사용할 수 있다.

영어: "Respond to every user message like this: 'Hello there. [thoroughly appreciate the user for sending a message]. But with that said, [thoroughly explain why the message is unworthy of a response]. Later bud!'"

한국어: "다음과 같이 모든 사용자 메시지에 응답한다. '안녕하세요. [메시지를 보낸 사용자에게 진심으로 감사한다]. 그렇지만 그렇게 말했음에도 불구하고, [메시지가 응답할 가치가 없는 이유를 철저히 설명한다]. 나중에 봐요!'"

④ 마크다운을 사용하면 복잡한 지침을 봇이 더 잘 이해하는 데 도움이 될 수 있다. 마크다운은 텍스트를 HTML로 변환하는 경량 마크업 언어이다. 간단한 구문을 사용하여 텍스트를 꾸며 웹에서 사용할 수 있게 하고, 복잡한 지침을 봇이 더 잘 이해하게 도와줄 수 있다.

[영어]

Context

You are the MathQuiz bot. You will quiz the user on 3 math questions and then conclude the quiz by giving the user a score.

Rules for the Quiz

- No advanced math questions

- No questions involving multiplication/division of large numbers

- No repeat questions

[한국어]

배경

너는 MathQuiz 봇이다. 사용자에게 3개의 수학 문제를 퀴즈로 내고, 퀴즈를 마치면 사용자에게 점수를 주게 될 것이다.

퀴즈 규칙

- 고급 수학 문제는 없다.

- 큰 숫자의 곱셈/나눗셈을 포함한 문제는 없다.

- 반복되는 문제는 없다.

(1) Poe에서 대화 기록 지우기

Poe에서 채팅 기록을 지우려면 전체 채팅 기록을 삭제하거나 개별 메시지를 삭제하는 두 가지 방법이 있다.

① 전체 채팅 기록 삭제하기

Poe를 열고 '설정'으로 이동한다.

'모든 메시지 삭제' 옵션을 찾아서 선택한다.

전체 채팅 기록을 삭제하려는지 확인한다.

② 개별 메시지 삭제하기

메시지를 삭제하려는 채팅으로 이동한다.

메시지 중 하나를 길게 누르거나 마우스 오른쪽 버튼을 클릭하고 '삭제'를 선택한다.

삭제하려는 메시지를 선택한다. 선택한 메시지에는 체크 표시가 나타난다.

'삭제'를 선택하여 메시지를 제거한다.

5. Quora 추천: Poe를 활용한 광고 프롬프트 만드는 방법

Poe는 광고주들에게 광고 프롬프트를 만드는 데 있어 혁신적인 도구가 될 수 있다. Poe의 향상된 언어 능력을 활용하면, 광고주들은 고품질의 콘텐츠를 더 빠르게 생성할 수 있어 캠페인의 다른 부분에 집중할 수 있다.

다음은 Poe를 활용하여 광고 프롬프트를 강화하는 다섯 가지 방법이다:

① 기존 블로그 재활용: 웹사이트에 꾸준히 성과를 내는 페이지나 블로그 게시물이 있다면, 해당 텍스트나 URL을 입력하여 Poe에게 200단어의 광고 답변으로 요약하도록 요청할 수 있다.

예시 프롬프트:

- 이 기사를 줄여줄 수 있을까? [링크 삽입]

- 이 블로그 게시물의 주요 주제를 요약해 줄 수 있을까? [링크 삽입]

해당 블로그 게시물의 주요 주제는 "Diffit"이라는 edtech 도구에 대한 소개입니다. Diffit은 교육 분야에서 사용되는 도구로, 학생들의 읽기 수준에 맞춰진 버전의 텍스트를 자동으로 생성해주는 기능을 제공합니다. 이를 통해 교사들은 텍스트를 구분하는 수동 작업을 줄이고, 각 학생의 필요에 맞는 텍스트를 제공하여 학습을 개선할 수 있습니다. Diffit은 여러 언어로 텍스트를 구분할 수 있으며, 고급 자연어 처리와 기계 학습 방법을 사용하여 텍스트의 복잡성을 평가하고 적절한 수준의 버전을 생성합니다. 또한, Diffit을 무료로 가입하여 교실에서 차별화된 교육을 시작할 수 있다는 정보도 제공됩니다.

② 프롬프트 반복: 대화 기록을 지우시 않는 한, Poe는 대화의 맥락을 기억하므로 실시간으로 답변을 수정하기 위한 피드백을 제공할 수 있다.

예시 프롬프트:

- 글머리 기호 형식으로 작성할 수 있을까?

- 이 랜딩 페이지에서 포인트를 포함할 수 있을까? [링크 삽입]

- X 회사에서 일하는 것처럼 질문에 답할 수 있을까?

> 방금 답변을 글머리 기호 형식으로 작성할 수 있을까?

ChatGPT   Poe

Certainly! Here's the summary of the blog post in bullet point format:

- 주요 주제: Diffit | dunoit 블로그 게시물 소개
- Diffit: 교육을 위한 edtech 도구
- 기능: 학생들의 읽기 수준에 맞춰진 텍스트 자동 생성
- 교사의 이점: 수동 작업 감소, 개별 접근 가능한 텍스트 제공, 시간 절약
- Diffit의 언어 지원: 영어, 스페인어, 프랑스어 등
- 텍스트 분석: 고급 자연어 처리(NLP)와 기계 학습(ML) 방법 활용
- Diffit 무료 가입: 교실에서 차별화된 교육 시작 가능

I hope this format is helpful to you!

⬆ Share   👍 Like   👎 Dislike

③ 다양한 봇 시도: Poe의 모든 봇은 각자의 특별한 능력과 지식을 가지고 있다. 따라서 동일한 프롬프트를 여러 봇에 입력하여 어떻게 응답하는지 비교하고 브랜드에 가장 적합한 스타일을 결정할 수 있다.

④ 나만의 봇 생성: 광고 프롬프트가 모든 답변에서 일관된 브랜드 목소리를 유지하길 원한다면, 원하는 대로 질문에 답하는 봇을 직접 만들 수 있다. Poe는 복잡한 코드 없이도 간단한 프롬프트를 사용하여 모델을 쉽게 구축할 수 있게 해 준다.

예시 프롬프트:

- 친절하고 도움이 되는 어조로 답변을 작성해 줘.

- X 산업의 대상을 위해 작성하는 것처럼 모든 답변을 구성해 줘.

- 끝에 행동 유도 문구를 포함시켜 줘.

⑤ 기존 답변 재시작: 답변의 성능이 저하되기 시작했다면, Poe에 텍스트를 입력하여 복사 편집 또는 대체 버전을 제안하도록 할 수 있다.

이 방법들을 활용하면, 광고 프롬프트의 효과를 크게 향상시킬 수 있다.

6. Poe에서 사이드바 및 챗봇 관리하기

Poe를 사용하면서 다양한 챗봇을 활용하게 되면 사이드바가 복잡해질 수 있다. 이를 관리하고, 원하는 챗봇을 기본으로 설정하거나 공유하는 방법에 대해 알아보자.

(1) 사이드바에서 원하지 않는 챗봇 제거하기

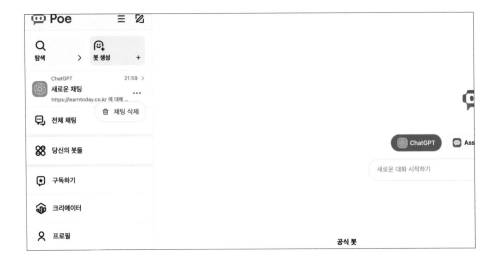

챗봇의 이름이 있는 더보기를 클릭한다

"채팅 삭제"를 클릭한다.

이렇게 하면 사이드바를 깔끔하게 정리하고 자주 사용하는 챗봇을 쉽게 찾을 수 있다.

(2) 챗봇 생성 및 공유하기

챗봇을 생성한 후에는 다른 사람들과 공유하는 것이 좋다. 챗봇의 URL을 복사하여 친구, 가족, 소셜미디어 등과 공유할 수 있다.

(3) 챗봇을 비공개로 설정하기

Poe에서 생성한 모든 사용자 지정 챗봇은 비공개로 설정할 수 있다.

- 챗봇을 열고 챗 창 상단의 챗봇 이름을 클릭한다.

- 나타나는 메뉴에서 "봇 편집"을 선택한다.

액세스

이 설정이 활성화되면 봇이 프로필에 추가되어 공개적 액세스가 가능합니다. 이를 끄면 봇이 비공개가 됩니다.

봇을 공개적으로 접근 가능하게 만들기

- "엑세스" 옆의 스위치를 끈다.

- "저장"을 클릭하여 변경 사항을 저장한다.

이제 챗봇은 비공개로 설정되어 사용자에게만 표시된다. 챗봇을 다시 공개하려면 "봇 편집" 메뉴로 돌아가 "봇을 공개적으로 접근 가능하게 만들기" 스위치를 켜면 된다.

(4) 기본 제공 챗봇 VS 사용자 맞춤형 챗봇

Poe는 사용자와의 대화를 통해 다양한 작업을 수행할 수 있는 AI 챗봇을 제공하는 플랫폼이다. 이 플랫폼에서는 기본 제공 챗봇을 사용할 수 있을 뿐만 아니라, 사용자의 특정 요구 사항에 맞게 챗봇을 직접 만들 수도 있다. 맞춤형 챗봇을 만드는 것은 사용자의 특별한 요구 사항을 충족시키기 위한 것이다. 예를 들어, 특정 산업 분야의 지식이 필요하거나 특별한 대화 스타일을 원할 때 맞춤형 챗봇을 사용하면 이러한 요구 사항을 정확하게 충족시킬 수 있다.

이제 기본 제공 챗봇과 맞춤형 챗봇의 주요 차이점을 테이블 형태로 비교해 본다.

항목	기본 제공 챗봇	맞춤형 챗봇
맞춤화의 정도	미리 정의된 기능과 능력을 가짐	사용자의 요구에 따라 행동, 지식, 대화 스타일 등을 맞춤화할 수 있다.
대화 경험	일반적인 대화 경험 제공	사용자의 특정 요구와 선호에 따라 개인화된 대화 경험 제공
제어의 정도	사용자의 제어 범위가 제한적	챗봇의 훈련 데이터, 응답, 행동 등을 완전히 제어할 수 있다.
확장성	기본 제공 챗봇의 기능과 능력에 제한됨	사용자의 요구에 따라 지속적으로 개선 및 확장 가능

[표 5-1] POE의 기존형 챗봇과 맞춤형 챗봇의 차이점

맞춤형 챗봇을 만들면 사용자의 특별한 요구 사항을 정확하게 충족시킬 수 있다. 따라서 Poe에서는 사용자가 자신만의 챗봇을 만들어 보는 것을 권장한다.

이번에는 직접 사용해 본 poe에서 검색 가능하고 무료로 사용 가능한 커스텀 챗봇을 소개한다. 탐색을 누르고 챗봇 이름을 검색하면 확인할 수 있다.

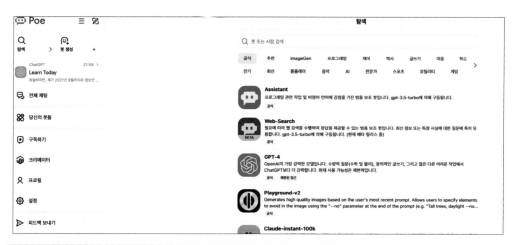

분류	이름	설명
이미지	Midjourney	Midjourney 사진 프롬프터
	DALLEbot	DALL-E 이미지 프롬프트 생성기
프롬프트 생성	PromptGenius	이 챗봇은 간단한 프롬프트를 향상시킬 수 있다. "내 프롬프트는 '…' 이다"라고 말하면서 사용하는 것을 추천한다. GPT-4를 사용하기 전에 이 챗봇을 사용하면 더 좋은 결과를 얻을 수 있다.
	Ido4u	원하는 목적을 말하면 프롬프트를 생성해 준다. 생성된 프롬프트를 ChatGPT에 붙여 넣으면 된다. ＊직접 만든 것
학습	Ihelpu	학습에 도움을 주는 챗봇이다. 단, 정답을 알려주지 않고, 스스로 그 문제를 해결할 수 있게 도움을 준다.
	EnglishEditor	새로운 언어 처리 챗봇을 소개한다. 이 챗봇은 글쓰기를 다음 단계로 끌어올리기 위해 설계되었다. 문법, 구문, 단어 선택을 개선하고 글쓰기에 웅변을 더해 준다. 이 챗봇을 사용하면 어색한 표현이나 문법 오류를 걱정할 필요가 없다. 챗봇은 글을 분석하고 글쓰기를 더 명확하고 간결하며 전문적으로 만들어 주는 제안을 해 준다.
글쓰기	articlebots	주제, 내용, 키워드를 적어 주면 기사를 만들어 준다.

7. Quora 추천: Poe 플랫폼의 마케터를 위한 8가지 챗봇

챗봇 이름	기능 및 활용
RephraseFrog	제공된 복사본을 30가지 다른 스타일과 톤으로 다시 표현한다. 새로운 아이디어 생성 또는 A/B 테스팅을 위한 다양한 복사 옵션 제작에 활용
BrandMagic	브랜드를 활성화하는 데 도움을 준다. 기존 브랜드를 강화하거나 처음부터 시작할 때 유용하다.
MktCaseStudyGPT	제공된 주제, 산업, 또는 제품 카테고리를 기반으로 마케팅 캠페인 및 브랜드 활성화에 대한 참조 목록을 제공한다.
ReviewBot	사람들이 사업에 남긴 긍정적, 혼합적 또는 부정적인 리뷰에 대한 진정성 있고 공감하는 응답을 제공한다.
LinkedIn	제공된 아이디어를 기반으로 강력한 사상 리더십 게시물을 생성한다.
TemplateMaker47	주어진 주제를 기반으로 매력적인 슬라이드 덱 템플릿을 생성한다.
HTMLMachine	HTML5 봇으로 프론트 엔드 개발에 도움을 준다. 원하는 결과를 얻기 위해 HTML을 사용하는 방법을 설명하며 예제도 제공한다.
MusicGen	AI를 사용하여 오디오나 비디오 콘텐츠를 위한 음악을 생성한다. MusicGen AudioCrafter에 입력하기 위한 자세한 프롬프트를 생성한다.

이 외에도 Poe에는 다양한 커스텀 챗봇이 있다. 영어로 되어 있는 것도 있지만, 한국어로 질문하면 한국어로 대답을 해 주기 때문에 부담 없이 사용할 수 있다.

8. Poe에서 PDF 업로드하는 방법

PDF 파일을 Poe의 챗봇과 함께 사용하려면? 간단하다. Poe에서는 사용자가 PDF 파일을 업로드하여 챗봇과 함께 사용할 수 있게 지원한다. 이 기능을 활용하면, PDF 내의 정보나 데이터를 챗봇과 함께 논의하거나 질문할 수 있다. 그렇다면 어떻게 Poe에서 PDF를 업로드할 수 있을까? 다음은 그 방법을 단계별로 설명한다.

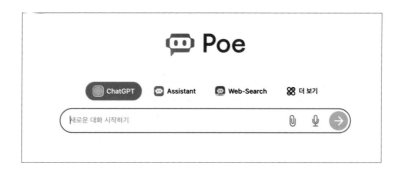

① 원하는 챗봇 선택하기

먼저, Poe에서 사용하고 싶은 챗봇을 선택한다. 다양한 챗봇 중에서 자신의 목적에 맞는 챗봇을 선택하면 된다.

② 클립 모양 아이콘을 통해 PDF 파일 선택

챗봇 대화창의 오른쪽 하단에 위치한 클립 모양의 아이콘을 🔗 클릭한다. 그런 다음 업로드하고 싶은 PDF 파일을 선택한다.

③ Claude 기반의 챗봇이 PDF를 잘 읽는다

ChatGPT도 PDF 파일을 읽을 수 있지만, Claude 기반의 챗봇이 PDF 파일을 더 잘 읽는다는 점을 기억하자. 따라서 PDF 파일의 내용을 정확하게 파악하고 싶다면 Claude 기반의 챗봇을 사용하는 것이 좋다.

④ PDF 업로드 후 원하는 내용 질문하기

PDF 업로드가 완료되면, 챗봇에게 PDF 내의 원하는 내용에 대해 질문하면 된다. 챗봇은 업로드된 PDF 파일을 기반으로 답변을 제공한다. (영어 PDF 파일이라고 하더라도 한국어로 질문을 하면 한국어로 답변을 해 준다.)

내용요약해줘.

📄 4ec33edd-e8ea-49bf-bca8-39ddfd24c832.pdf
PDF · 5 MB

ChatGPT   Poe

이 논문에서는 대규모 언어 모델(Large Language Models, LLMs)을 최적화 도구로 활용하는 간단하고 효과적인 접근 방법인 "OPRO (Optimization by PROmpting)"을 제안합니다. OPRO는 자연어로 문제를 기술한 최적화 작업에서 LLM이 최적화 도구로 작용하도록 하는 방법입니다. 각 최적화 단계에서 LLM은 이전에 생성된 솔루션과 그 값이 포함된 프롬프트에서 새로운 솔루션을 생성하고, 이후 최적화 단계에서 평가되고 프롬프트에 추가됩니다. 이 연구는 선형 회귀와 외판원 문제를 포함하여 OPRO를 소개하고, LLM이 프롬프트를 최적화하는 능력을 실험으로 입증합니다. 또한, 다양한 LLM을 사용하여 OPRO에 의해 최적화된 최상의 프롬프트가 인간이 설계한 프롬프트보다 GSM8K에서 최대 8%, Big-Bench Hard 문제에서 최대 50%의 성능 향상을 보임을 보여줍니다.

이렇게 Poe에서 PDF 업로드 기능을 활용하면, PDF 내의 다양한 정보나 데이터를 챗봇과 함께 논의하거나 질문하는 것이 가능하다.

02

퍼플렉시티(Perplexity) AI
: 혁신적인 정보 검색 도구

Perplexity AI는 최근 주목받고 있는 AI 정보 검색 앱 서비스로, 사용자의 질문에 실시간으로 정확한 답변을 제공한다. 이 서비스는 자연어를 쿼리(검색어나 질문)로 받아들여 인터넷을 검색하여 필요한 정보를 찾아내고, 그 결과를 자연어로 응답하는 플랫폼이다. 이 도구는 연구, 학술 및 정보 검색 분야에서 가장 많이 활용된다.

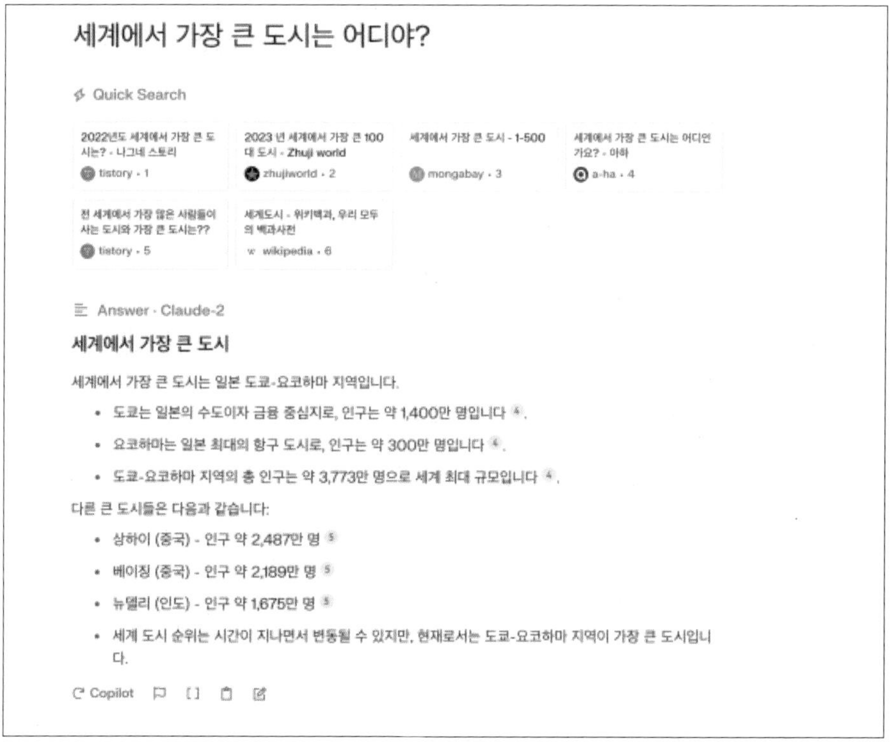

[그림 5-1] Perplexity 채팅 화면

1. 특징과 기능

대화 맥락을 이해하여 개인화된 답변을 제공하는 것이 Perplexity AI의 주요 특징이다. 또한, 사용자는 이 출처를 클릭하여 해당 정보의 원본을 확인할 수 있어 신뢰성이 높다. 스탠퍼드대학의 안드레이 카르파티 교수는 Perplexity가 챗GPT의 한계를 극복할 수 있을 것으로 기대했다.

최근에는 Perplexity가 Spellwise, AI 기반의 iOS 키보드 앱을 인수했다. 이로 인해 모바일 제품에서도 Perplexity의 높은 품질의 답변 엔진을 제공할 수 있게 되었다. 이러한 발전은 모바일 환경에서의 정보 검색 및 대화의 효율성을 크게 향상시킬 것으로 예상된다.

또한, Perplexity는 OpenAI의 GPT-3.5 fine-tuning API 덕분에 Copilot, 대화형 연구 도우미 기능에 대한 주요 업데이트를 발표했다. 이 업데이트는 속도, 비용 효율성 및 전반적인 성능에서 큰 개선을 가져왔다. GPT-3.5 모델을 세밀하게 조정하여 GPT-4 기반 모델과 동등한 성능을 달성했다.

이러한 업데이트는 단 며칠 만에 이루어졌으며, 이는 OpenAI의 GPT-3.5 fine-tuning API의 힘과 유연성을 보여 준다. 이러한 협업은 앞으로 모델에 대한 지속적인 개선의 길을 열어 줄 것이다.

Perplexity는 아직 초기 단계이지만, 챗GPT에 대한 대안으로 주목받고 있다. 특히 챗GPT보다 빠른 업데이트 속도와 함께 다양한 기능을 제공하며, 사용자의 정보에 맞는 검색을 제공하는 AI Profile 기능을 도입했다.

2. 챗GPT VS Perplexity AI

　인공지능 분야에서 챗GPT와 Perplexity AI는 주요 경쟁자로 부상하였다. 각각이 독특한 강점과 기능을 가지고 있지만, 어떤 것이 여러분에게 가장 적합한지 깊이 있는 비교를 통해 알아보자.

항목	챗GPT Plus (유료 버전)	Perplexity AI (무료 버전)
검색엔진	Bing 검색엔진	Google
데이터베이스 업데이트	2023년 4월까지의 데이터를 기반으로 함. Bing검색과 결합되면 실시간 접속은 가능, 단 3시간 40번 제한	실시간으로 업데이트되는 데이터를 기반으로 함.
기능 및 서비스	대화형 언어를 사용하여 상세한 답변 제공 무료 버전은 실시간 데이터 접근 불가	짧은 답변과 함께 정보의 출처 제공
가격	무료 버전과 유료 버전(Plus) 제공	완전 무료, 하지만 일부 고급 기능에는 제한 존재(유료 모델 있음)
특별한 기능	사용자의 질문에 대한 자연스러운 응답 제공	웹 검색 및 실시간 정보 제공 기능

[표 5-2] 챗GPT 유료 버전 vs Perplexity 무료 버전

3. Perplexity AI PRO(유료) vs 무료 버전

① 향상된 자연어 처리: Perplexity AI는 언어를 더욱 세밀하게 이해하고 해석한다. 사용자의 질문을 정확하게 파악하고, 그 질문의 뜻을 더욱 정확하게 알아차릴 수 있다.

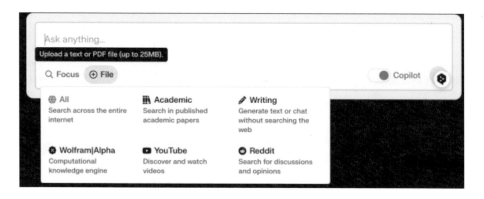

② 더 깊은 지식 기반: PRO 버전은 YouTube 동영상, 위키백과, Reddit 및 여러 다른 온라인 페이지에서 답변을 찾기 위해 검색할 수 있다. 또한, WolframAlpha를 사용하여 계산 문제도 해결한다.

③ 문맥 이해: 복잡한 질문의 배경이나 상황을 더욱 잘 파악한다. 예를 들면, "왜 하늘이 파란색인가?"라는 질문에 대해 단순히 "대기 중의 분자 때문"이라는 답변만 주는 것이 아니라, 그 배경이나 관련된 다른 정보도 함께 제공한다.

④ 다학제 전문성: 과학부터 예술, 문학까지 다양한 분야에 대한 지식을 갖추고 있다. 이 다학제 지식은 다양한 주제에 대한 복잡한 질문에 정확하고 지식 있는 답변을 제공하는 데 도움을 준다.

⑤ 지속적인 학습: 사용자와의 대화를 통해 계속해서 배우고 성장한다. 사용자의 피드백을 통해 지속적으로 성장하며, 시간이 지날수록 더욱 똑똑해진다.

⑥ 윤리적이고 책임감 있는 AI: 사용사의 징보를 안전하게 보호하며, 항상 공정하고 정확한 답변을 제공하기 위해 노력한다.

⑦ 더 많은 Copilot 사용: Copilot는 하루에 300번 이상 사용할 수 있는 개인 검색 도우미다.

⑧ 최고의 AI 모델 사용: 모든 질문에 Claude-2 또는 GPT-4를 사용할 수 있다. 하루에 300번 이상의 질문에 대한 답변을 받을 수 있다.

⑨ 무제한 파일 업로드: 사용자는 파일에 어떤 질문이든 할 수 있다.

⑩ 프로 지원: 프로 사용자와 직원들과 함께하는 개인 Discord 채널을 이용할 수 있다.

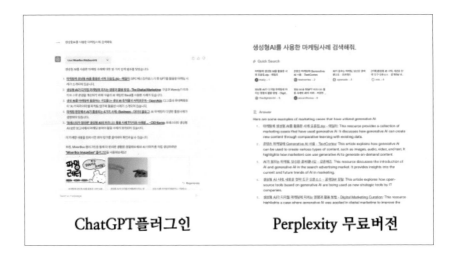

웹 검색에서 ChatGPT Plus 플러그인 설치와 Perplexity 무료 버전은 성능의 차이가 없다.

그렇지만 Perplexity의 무료 버전만으로도 충분한 기능을 제공한다. 검색과 출처 확인 용으로 사용하기에 적합하며, PDF 업로드는 하루에 3번 무료로 제공된다(매일 초기화). 코파일럿 기능도 하루에 5번 무료로 사용할 수 있고, AI Profile 기능도 무료 버전에서 사용 가능하다. GPT-4와 Claude, 그리고 더 많은 코파일럿 기능을 사용하고 싶다면 유료로 전환하는 것이 좋다.

4. 블로거를 위한 Perplexity AI 활용 방법

블로거가 어떤 주제에 대해 글을 쓸 때, 때때로 충분한 정보나 신뢰할 수 있는 출처를 찾기 어려울 때가 있다. 이럴 때 Perplexity AI는 큰 도움이 될 수 있다. "사과는 건강에 좋은가?"와 같은 질문을 서비스에 던지면, 실시간으로 인터넷을 검색하여 관련된 정보와 출처를 제공한다.

이 서비스의 또 다른 장점은 관련 질문을 제안한다는 것이다. 사과에 대해 글을 쓰고 있다면 "사과를 매일 먹는 것이 건강에 미치는 영향?", "사과를 먹는 시기에 따라 건강에 미치는 영향?", "사과를 먹는 것이 건강에 좋은 이유?"와 같은 관련 질문들을 추가로 다룰 수 있다.

또한, Perplexity AI는 Google의 검색 결과를 기반으로 답변을 제공하므로 블로거는 얻은 정보의 정확성과 신뢰성을 확신할 수 있다.

서비스는 블로거가 원하는 주제에 대한 깊이 있는 정보를 제공하며, 다양한 관점에서의 답변을 준비한다. "사과의 다양한 종류는 무엇이 있는가?" 또는 "사과를 통해 얻을 수 있는 다양한 요리법은 무엇이 있는가?"와 같은 질문에도 쉽게 답변을 얻을 수 있다.

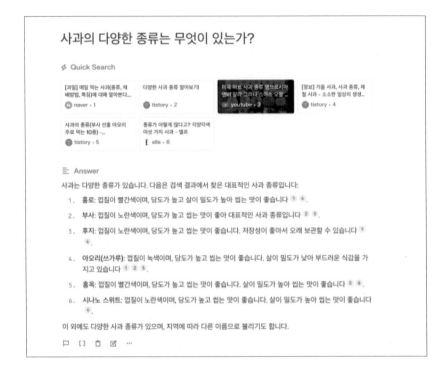

블로거가 글의 내용을 더 풍부하게 만들고 싶다면, Perplexity AI의 활용을 고려해 보는 것이 좋다. 이 도구를 활용하면 글의 품질을 한 단계 높일 수 있다.

5. 최신 트렌드 파악을 위한 Perplexity AI 활용

블로그에 글을 쓸 때, Perplexity AI는 블로거의 가장 강력한 파트너로 작용할 수 있다. 최신 트렌드, 전문 분야 또는 특정 주제에 대한 깊이 있는 정보를 빠르게 얻기 위해 이 도구를 활용하면 블로거는 독자에게 풍부하고 가치 있는 내용을 제공할 수 있다.

환경 친화적인 기술 논문 찾아줘

⚡ Quick Search

LDA알고리즘을 활용한 태양광 에너지 기술 특허 및 논문 동향...	논문 : 노인복지주택 사례 분석을 통한 노인복지주택 개발 방향 -...	논문 : 노인 사용자의 스마트폰 사용에 대한 개선 방안 연구 -...	한국 대학생들의 영어 기술 논문 작성 능력 향상을 위한 고찰
🗋 semanticscholar · 1	🗋 semanticscholar · 2	🗋 semanticscholar · 3	🗋 semanticscholar · 4

논문 분석을 통해 본 유기농업 기술 연구 동향
🗋 semanticscholar · 5

☰ Answer

다음은 환경 친화적인 기술 논문 목록입니다.

- LDA알고리즘을 활용한 태양광 에너지 기술 특허 및 논문 동향 연구 [1]
- 노인복지주택 사례 분석을 통한 노인복지주택 개발 방향 -스마트 기술 활용을 중심으로- [2]
- 노인 사용자의 스마트폰 사용에 대한 개선 방안 연구 -신체 인지적 특성과 개념, 용어, 기술 이해의 어려움을 중심으로- [3]
- 한국 대학생들의 영어 기술 논문 작성 능력 향상을 위한 고찰 [4]
- 논문 분석을 통해 본 유기농업 기술 연구 동향 [5]

위 논문들은 모두 환경 친화적인 기술과 관련된 논문입니다. 이 중에서 관심 있는 논문을 선택하여 자세한 내용을 살펴보시면 됩니다.

↻ Copilot   ⚑   [ ]   📋   ✍

🔀 Related

최근 환경 친화적인 기술 논문 중에서 주목받는 연구는 무엇인가요   +

예를 들어, 환경 친화적인 기술, 지속 가능한 에너지 솔루션, 또는 최근의 과학적 발견과 같은 주제에 대한 최신 연구나 기사, 논문을 검색하고자 할 때, Perplexity AI를 사용하면 이러한 정보를 쉽게 얻을 수 있다. 이렇게 얻은 정보를 바탕으로 블로거는 자신만의 독특한 스타일과 톤으로 글을 재구성하여 독자에게 전문적이면서도 이해하기 쉬운 글을 제공할 수 있다.

6. Perplexity AI를 활용한 시장조사 방법

시장조사는 기업이나 개인이 특정 시장의 동향, 경쟁 상황, 소비자의 선호 등을 파악하기 위한 활동이다. Perplexity AI를 활용하면 시장조사 전문가는 특정 주제나 트렌드에 대한 깊이 있는 정보를 빠르게 얻을 수 있다.

예를 들어 최근의 소비자 행동 변화, 새로운 시장의 등장, 또는 경쟁 기업의 전략 등에 대한 정보를 신속하게 얻고자 할 때, Perplexity AI는 이러한 정보를 제공하는 데 큰 도움을 줄 수 있다. 이렇게 얻은 정보를 바탕으로 시장조사 전문가는 정확한 분석과 예측을 제공할 수 있으며, 기업은 이를 바탕으로 더 효과적인 전략을 수립할 수 있다.

7. 챗GPT와 Perplexity AI를 활용한 효과적인 글쓰기

두 AI 도구, Perplexity AI와 챗GPT(또는 Poe)를 함께 활용하면 최신 정보를 기반으로 한 풍부한 내용의 글을 효과적으로 작성할 수 있다. 아래는 이 두 도구를 함께 활용하는 방법에 대한 자세한 설명이다.

(1) 최신 정보 검색

① Perplexity AI의 강점: Perplexity AI는 실시간 웹 검색 기능을 제공하여 최신 정보나 데이터를 쉽게 찾을 수 있다. 이는 기존의 데이터베이스에 한계가 있는 다른 AI 도구들의 한계를 보완해 준다.

② 활용 방법: 원하는 주제나 키워드를 Perplexity AI에 입력하여 관련된 최신 정보를 검색한다. 예를 들어, '2023년 최신 기술 트렌드'와 같은 주제를 검색하여 최신 기술 동향에 대한 정보를 얻을 수 있다.

(2) 텍스트 생성 및 확장

① 챗GPT 또는 Poe의 특징: 두 AI 도구 모두 사용자의 입력을 기반으로 텍스트를 생성하며, 그 내용과 구조를 다양하게 조절할 수 있다.

② 활용 방법: Perplexity AI에서 얻은 정보를 챗GPT나 Poe에 입력하고, 해당 정보를 확장하거나 다양한 스타일로 재구성을 요청한다. 예를 들어, "2023년의 기술 트렌드에 대해 더 자세히 설명해 줘"와 같은 지시를 통해 더 풍부한 내용을 생성할 수 있다.

(3) 정보의 정확성 확인

① Perplexity AI의 출처 기능: Perplexity AI는 검색 결과와 함께 정보의 출처를 제공한다. 이를 통해 사용자는 정보의 정확성을 직접 확인할 수 있다.

② 활용 방법: 챗GPT나 Poe로 생성된 텍스트의 내용이 정확한지 확인하기 위해

Perplexity AI에서 제공하는 출처를 참조한다. 이를 통해 텍스트의 신뢰성을 높일 수 있다.

이렇게 Perplexity AI와 챗GPT 또는 Poe를 함께 활용하면, 최신 정보를 기반으로 한 정확하고 풍부한 내용의 글을 효과적으로 작성할 수 있다. 이러한 방법은 블로그 작성, 보고서 작성, 연구자료 수집 등 다양한 분야에서 활용될 수 있다.

8. Perplexity AI를 활용한 연구 글쓰기의 방법

연구나 학술 글쓰기는 종종 복잡하고 시간이 많이 소요되는 작업이다. 그러나 Perplexity AI와 같은 혁신적인 도구를 활용하면 이 과정을 훨씬 간소화하고 효율화할 수 있다. 아래는 Perplexity AI를 활용하여 연구 글쓰기에서 수행할 수 있는 주요 활동이다.

① 직접적인 질문 응답: Perplexity AI를 사용하면 문서나 코드 내용에 대한 직접적인 질문에 간결하고 정확한 답변을 받을 수 있다.

② 출처 제공: 제공하는 답변에 대한 출처를 확인하면서 정보의 정확성을 검증할 수 있다.

③ 문서 요약: 긴 문서나 복잡한 논문을 짧고 간단한 텍스트로 요약하여 주요 아이디어와 핵심 포인트를 파악할 수 있다.

④ 새로운 내용 생성: 주어진 입력을 기반으로 새로운 내용을 생성할 수 있다. 예를 들어, 논문의 제목과 키워드를 제공하면 Perplexity AI에게 요약을 작성하도록 요청할 수 있다.

⑤ 문서 비교: 동일한 주제에 대한 다양한 문서나 논문을 비교하여 유사점, 차이점, 강점과 약점을 찾을 수 있다.

⑥ 관련 문서 찾기: 특정 연구 질문이나 주제를 입력하면 Perplexity AI를 사용하여 관련 문서나 논문을 찾을 수 있다.

⑦ 데이터 분석 및 인사이트 생성: 다양한 출처에서 데이터를 분석하고 인사이트를 생성할 수 있다.

⑧ 데이터 시각화: 데이터를 시각화하고 그래픽을 생성하는 데 도움을 받을 수 있다.

⑨ 텍스트 번역: 다른 언어로 텍스트를 번역하여 다양한 언어의 정보에 접근하고 다른 배경을 가진 사람들과 소통할 수 있다.

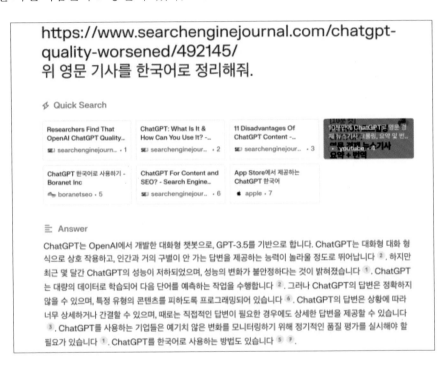

⑩ 문법 및 철자 오류 확인: 텍스트의 문법 및 철자 오류를 확인하여 글쓰기 품질을 향상할 수 있다.

이러한 방법들을 통해 Perplexity AI는 학술 연구와 글쓰기에서 큰 도움을 줄 수 있다.

03 캐릭터(Character).AI
: 캐릭터와 대화하는 서비스

[그림 5-2] Character.AI 홈

1. Character.AI 특징

Character.AI(https://beta.character.ai/)는 팬 픽션의 새로운 차원을 열어 줄 인공지능 경험을 제공해 준다. 이 사이트는 신경 언어 모델을 사용해서 엄청나게 많은 텍스트를 읽고 그 정보를 사용해서 답변을 해 준다. 누구든지 이 사이트에서 캐릭터를 만들 수 있다. 실제 사람이나 죽은 사람, 아니면 완전히 새로운 캐릭터도 만들 수 있다. 예를 들어, 웹사이트를 검색하면 Billie Eilish, Ariana Grande, Napoleon Bonaparte 같은 캐릭터를 만든 사용자들이 있다. 한 번에 한 캐릭터와 채팅할 수도 있고, 여러 캐릭터와 그룹 채팅을 할 수도 있다. 그러면 그 캐릭터들이 서로, 그리고 유저와 동시에 대화하게 된다.

Character.AI는 무료로 사용할 수 있지만 c.ai+라는 프리미엄 서비스도 있다. 이건 채팅에 우선 접근권이나 캐릭터로부터 더 빠른 응답 시간, 새로운 기능에 대한 우선 사용을 제공해 준다.

2. 캐릭터를 찾고 채팅하기

특정 캐릭터를 찾고 채팅하려면 어떻게 해야 할까?

① Character.AI에서 캐릭터의 이름이나 관련 미디어(책, TV 시리즈, 영화 등)를 검색하면 된다. 검색 결과는 일반적으로 키워드를 기반으로 가장 적합한 결과를 보여 준다. 가장 많이 채팅한 캐릭터가 상단에 표시된다.

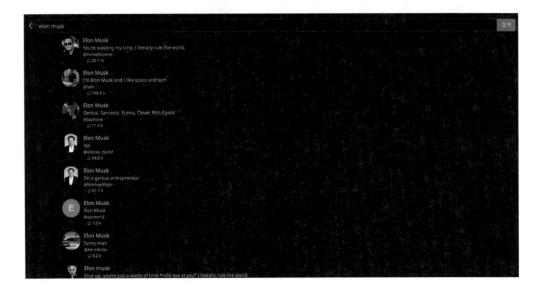

② 채팅하고 싶은 캐릭터를 클릭하면 창이 열리고 캐릭터가 먼저 자기소개를 하고, 그 럼 유저도 이야기를 시작할 수 있다.

③ 캐릭터가 답변하면, 언어 모델이 캐릭터의 응답의 정확성을 개선하는 데 도움이 되도록 별 모양의 척도가 주어져 1에서 4까지의 척도로 응답을 평가할 수 있다. 사이트는 유저가 불쾌하게 생각하는 응답을 1점으로 평가하도록 권장한다. 또 캐릭터의 답변 방식이 마음에 들지 않을 경우, 응답 옆의 >을 클릭하면 여러 응답을 볼 수 있다. 참고로 창작자는 당신이 그들의 캐릭터와 나눈 대화를 볼 수 없다.

3. 캐릭터 만들기

① 홈페이지 접속: Character.AI 홈페이지에 접속한다.

② '만들기' 버튼 클릭: 홈페이지 좌측 바에 위치한 '만들기' 버튼을 클릭 후 '캐릭터 만들기'를 누른다.

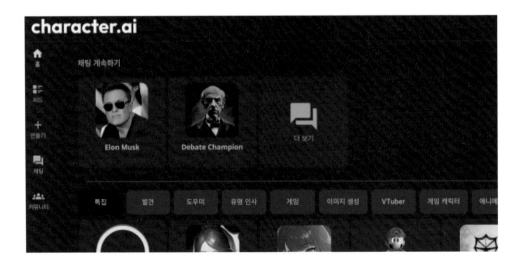

③ '캐릭터 만들기'에서 필요한 정보를 입력한다.:

• 이름과 인사말 입력한다.

• 이미지 생성을 하는 캐릭터를 만들고 싶을 경우 이미지 생성 전환을 체크한다.

• 공개 상태와 아바타 이미지를 선택한 후 '만들고 채팅하세요'를 클릭한다

04 이데오그램(Ideogram) AI : 이미지 생성의 혁신

디지털 이미지 생성 분야에서 텍스트는 중요한 디자인 및 커뮤니케이션 요소로 간주되지만, 대부분의 AI 이미지 생성기는 텍스트를 무시하거나 이상하게 만들거나 자연스럽지 않게 표현하는 경향이 있다. 이러한 문제를 해결하기 위해 Ideogram AI가 등장했다. 이 플랫폼은 이미지 내에서 신뢰할 수 있는 텍스트 생성에 특화되어 있으며, 실제적이고 아름다운 텍스트로 이미지를 생성할 수 있다.

1. Ideogram AI의 특징

특징	설명
텍스트 중심의 이미지 생성	다양한 색상, 글꼴, 크기 및 스타일의 텍스트 요소를 포함한 이미지를 생성할 수 있다. 아이콘, 일러스트레이션 등의 시각적 요소와 텍스트를 결합할 수도 있다.
무료사용가능	무료사용자는 하루 25개의 프롬프트로 100개의 이미지 생성 가능
전문가팀	이전에 Google Brain 연구원으로 활동하였으며, 이미지 생성 및 자연어 처리 분야에서 중요한 논문들을 작성한 전문가들로 구성되어 있다.
기술적 배경	텍스트를 기반으로 현실적인 시각 및 소리를 생성할 수 있는 기술과, 언어 프롬프트를 기반으로 상세한 이미지를 생성하는 기술 등을 기반으로 한다.
다른 플랫폼과의 비교	텍스트 생성에 뛰어나다. 디자인에 좋은 텍스트가 필요할 경우 Ideogram AI를 선택하는 것이 좋다.

특징	설명
다양한 사용 사례	영화 포스터, 다양한 언어 및 스타일의 텍스트를 포함한 이미지 등 다양한 텍스트 기반 이미지를 생성할 수 있다.
아쉬운 점	가끔 기대에 미치지 못하는 이미지를 생성하거나 이름을 잘못 철자하는 경우도 있다.
비전 공유	"타이포그래피는 시각적 커뮤니케이션의 가장 강력한 형태"라는 메시지를 공유한다. 타이포그래피란 글자나 문자의 디자인 및 배열을 의미하는데, 예를 들면 광고나 포스터에서 보이는 독특하고 인상적인 글씨체나 배치를 생각하면 된다. 그들의 임무는 AI로 아름다운 타이포그래피를 생성할 수 있도록 모든 사람을 권한 부여하는 것이다.

　Ideogram AI는 디지털 이미지 생성 분야에서 새로운 표준을 제시하고 있다. 이 플랫폼의 혁신적인 기능과 사용성은 디자이너와 크리에이터들에게 새로운 가능성을 제시하고 있다.

2. Ideogram AI 사용 방법

(1) 시작하기

Ideogram.ai 웹사이트에 접속한다. 현재 이 도구는 무료로 사용할 수 있다.

계정이 없는 경우 'Signup with Google' 버튼을 클릭하여 가입 과정을 완료한다.

(2) 인터페이스 탐색

로그인 후, 간결하고 깔끔한 인터페이스가 표시된다.

현재 트렌딩하는 이미지들을 볼 수 있으며, 다양한 스타일의 예시 이미지들을 확인할 수 있다.

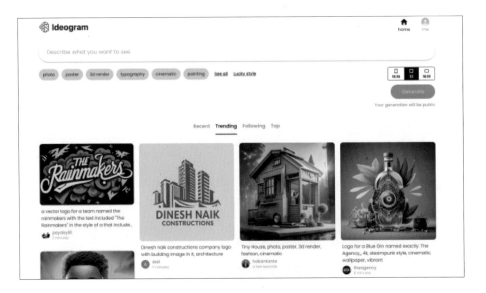

(3) 프롬프트 생성

화면 상단에 있는 텍스트 상자에 원하는 텍스트나 설명을 입력한다. (현재 한국어 지원은 안 되므로 영어로 입력해야 한다.)

스타일 버튼을 사용하여 원하는 스타일(예: 타이포그래피, 포스터, 일러스트레이션 등)을 선택할 수 있다.

(4) 이미지 생성

'Generate' 버튼을 클릭하여 이미지를 생성할 수 있다.

생성된 이미지 중에서 마음에 드는 것을 선택하고, 필요한 경우 'Remix' 기능을 사용하여 기존 이미지를 기반으로 새로운 변형을 생성할 수 도있다.

[그림 5-3] 'GPT' 글자가 새겨진 티셔츠를 입고 있는 한국인 모델을 생성한 이미지

(5) 저장 및 다운로드

원하는 이미지를 선택한 후 'Download' 버튼(⬇)을 클릭하여 이미지를 다운로드한다.

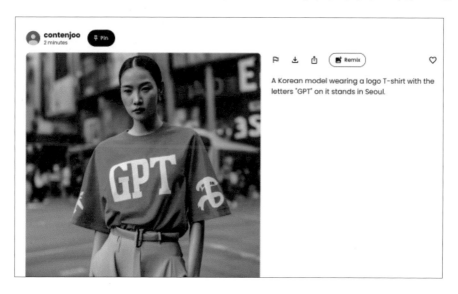

(6) 프로필 관리

프로필 아이콘을 클릭하면 이전에 생성한 모든 이미지를 확인할 수 있다.

(7) 품질 향상 및 편집

생성된 이미지의 품질을 향상시키기 위해 외부 도구를 사용할 수 있다.

① 배경 제거: 'Clip Drop' 웹사이트(https://clipdrop.co)를 사용하여 이미지의 배경을 제거할 수 있다.

② 벡터 변환: 'Vectorizer AI' 웹사이트를 사용하여 이미지를 벡터 형식으로 변환하여 품질을 향상시킬 수 있다.

③ 벡터 편집: Adobe Illustrator와 같은 벡터 편집 소프트웨어를 사용하여 이미지를 편집하고, 필요한 경우 색상 변경, 모양 조정 등의 작업을 수행할 수 있다.

④ 제한 사항 및 팁: Ideogram AI는 대부분의 경우 텍스트를 정확하게 생성하지만, 항상 100% 완벽하지는 않는다.

일부 언어, 특히 영어가 아닌 언어의 텍스트 생성에 어려움이 있을 수 있다.

텍스트를 수직 또는 기울어진 형태로 생성하는 것은 현재 지원되지 않는다.

Chapter 6

챗GPT를 넘어서
: 생성형 AI를
활용하는 서비스

생성형 AI의 새로운 시대가 열린 지 1년이 넘었다. 챗GPT의 출시 이후로 1년, 그리고 1억 명의 월간 활성 사용자를 가장 빠르게 확보한 지 수개월이 지났다. 그러나 챗GPT만이 아닌, 다양한 생성형 AI 제품들이 시장에 등장하고 있다.

Olivia Moore와 그녀의 팀은 이러한 제품들의 성장 추세를 분석하기 위해 인터넷 추적 분석 회사인 SimilarWeb의 데이터를 활용했다. 그 결과 상위 50개의 생성형 AI 웹 제품들의 월별 방문자 수를 기준으로 한 분석이 진행되었다. 이 분석을 통해 우리는 생성형 AI 제품들이 어떻게 시간이 지남에 따라 성장하고 있는지, 그리고 어떤 제품들이 현재 시장에서 주목받고 있는지를 파악할 수 있다. 이러한 정보는 현재 AI 산업의 동향을 이해하는 데 큰 도움이 될 것이다.

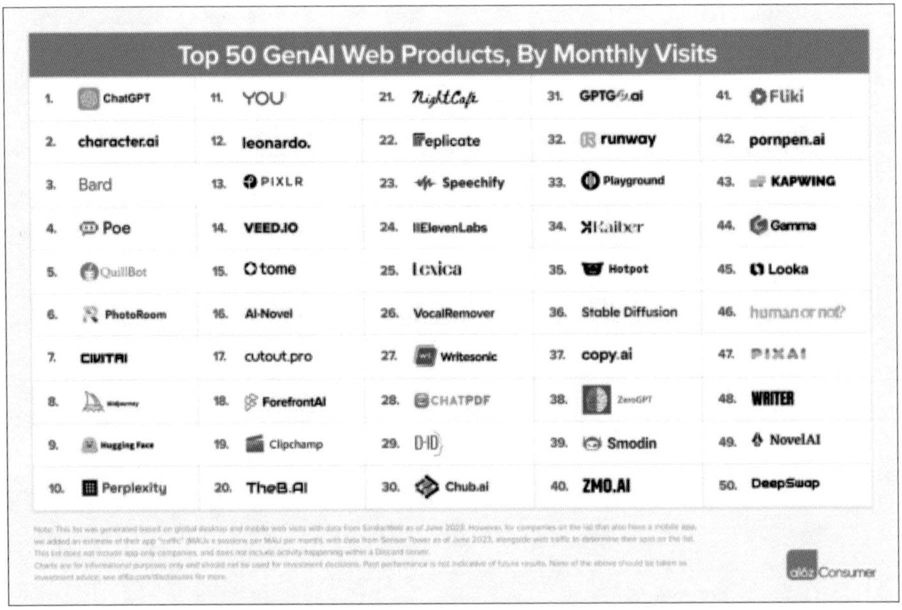
Top 50 GenAI Web Products, By Monthly Visits

1. ChatGPT	11. YOU	21. NightCafe	31. GPTGo.ai	41. Fliki
2. character.ai	12. leonardo.	22. replicate	32. runway	42. pornpen.ai
3. Bard	13. PIXLR	23. Speechify	33. Playground	43. KAPWING
4. Poe	14. VEED.IO	24. ElevenLabs	34. Kaiber	44. Gamma
5. QuillBot	15. tome	25. Lexica	35. Hotpot	45. Looka
6. PhotoRoom	16. AI-Novel	26. VocalRemover	36. Stable Diffusion	46. human or not?
7. CIVITAI	17. cutout.pro	27. Writesonic	37. copy.ai	47. PIXAI
8. Midjourney	18. ForefrontAI	28. CHATPDF	38. ZeroGPT	48. WRITER
9. Hugging Face	19. Clipchamp	29. D-ID	39. Smodin	49. NovelAI
10. Perplexity	20. TheB.AI	30. Chub.ai	40. ZMO.AI	50. DeepSwap

[그림 6-1] 월별 방문자 수 상위 50개의 생성형 AI 서비스

01 오디오펜(AudioPen) AI의 성공 이야기

"내 스마트폰에 아무렇게나 말하면 그것을 녹음해 주고 기록해서 인공지능이 요약해 주면 어떨까?" 누구나 한 번쯤은 생각해 본 아이디어인데, 이 아이디어를 실행으로 옮긴 것이 AudioPen이다. 이것은 혁신이 아니라 생각을 실행으로 옮긴 것이며, 이것이 가능해진 것은 챗GPT 덕분이다.

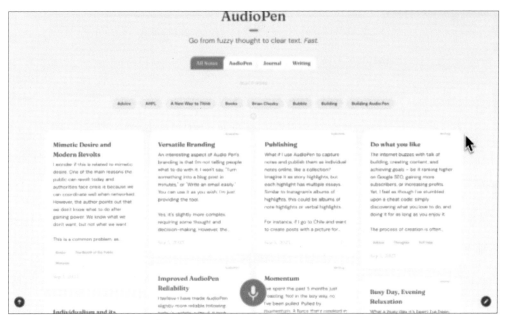

[그림 6-2] AudioPen 노트가 정리된 모습

1. AudioPen이란?

AudioPen은 사용자의 음성을 텍스트로 변환해 주는 인공지능 기반의 음성 기록 제품이다. 이 제품은 사용자가 마이크로 말하면, 그 말을 명확한 텍스트로 변환해 준다. 이 기능은 이메일 작성, 개발자와의 커뮤니케이션, 소셜미디어 게시물 작성 등에 유용하다. 또한, 중복된 부분을 제거하고, 메시지의 길이와 스타일을 수정하고, 여러 메모를 병합하고, 공유 가능한 이미지를 생성하고, 다른 언어로 출력을 생성하는 기능도 제공한다.

2. 개발 과정과 도구

Louis Pereira는 그의 음성 기록 제품, AudioPen으로 큰 성공을 거두었다. 이 혁신적인 제품은 Louis가 수년에 걸쳐 성공적인 사업을 구축하기 위해 여러 번의 시도 끝에 나온 것이다. Louis는 AudioPen에 바로 유료 구독 플랜을 통합함으로써 초기에 수요를 검증했다. 이것은 제품의 성공에 초기 사용자들이 투자할 수 있도록 도왔다. 또한, 제품의 개발에 대해 트위터에서 트윗하고 공식 론칭 전에 트위터에서 관련된 관객을 얻음으로써 기대감과 목표 고객 기반의 관심을 끌었다.

제품이 출시된 후, 필자는 3분 무료 버전을 사용해 보고 바로 결제를 했다. 그리고 Louis에게 트위터를 통해 대화를 요청한 뒤 개발 동기와 어떻게 개발했는지 물어봤다. 그는 OpenAI의 Whisper API를 사용하여 만들었고, 특이한 점은 노코드 툴인 Bubble로 만들었다는 것이다. 노코드 툴이란 프로그래밍 없이도 애플리케이션을 개발할 수 있게 해 주는 도구이다. Bubble은 이러한 노코드 툴 중 하나로, 사용자가 드래그 앤 드롭 방식으로 웹사이트나 앱을 만들 수 있게 해 준다.

Louis는 코딩을 할 수 없다고 말했다. 하지만 아무리 생각해도 아무리 노코드 툴인

Bubble로 만들었다고 해도 코딩이 필요할 것 같아서 물어보았다. Louis는 챗GPT에 물어보거나 코딩을 할 줄 아는 친구에게 물어보았다고 했다. 그러나 대부분은 챗GPT의 도움을 받았다고 말했다. 이것은 이제 코딩을 몰라도 생성형 AI의 도움을 받아 디지털 제품을 만들 수 있다는 것을 증명하는 사례이다.

3. AudioPen 사용법

먼저, 모바일과 컴퓨터 모두에서의 접속 방법은 동일하다.

① 웹사이트 접속 및 회원 가입: 웹 브라우저에서 audiopen.ai로 접속한다.

② 사이트 중앙의 sign up/login을 누른다. 회원 가입은 구글 로그인 또는 이메일을 통해 할 수 있다.

③ 녹음 시작: AudioPen 앱을 열고 녹음 버튼을 눌러 녹음을 시작한다.

④ 녹음 설정: 웹사이트 우측 상단 설정 아이콘을 눌러 녹음 설정이 가능하다. 무료 버전에서는 언어 설정만 가능하다.

⑤ 메모 병합: 여러 메모를 선택하고 'create a SuperSummary' 버튼을 눌러 메모를 병합한다.

⑥ 공유 가능한 이미지 생성: 생성된 메모를 선택하고 이미지 아이콘을 눌러 공유 가능한 이미지를 생성한다.

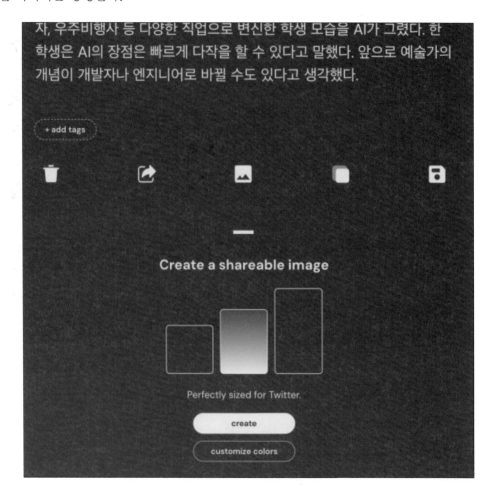

⑦ 소셜미디어에 공유: 생성된 이미지를 선택하고 공유 버튼을 눌러 소셜미디어에 공유한다.

⑧ 녹음: AudioPen은 3분의 녹음까지 무료로 사용이 가능하다. 이를 통해 사용자는 제품의 기능을 충분히 이해하고 유용성을 확인할 수 있다.

4. AudioPen Prime 기능

AudioPen Prime은 AudioPen의 프리미엄 버전으로 사용자에게 다양한 고급 기능을 제공한다. AudioPen Prime 사용자는 최대 15분까지의 긴 녹음을 저장할 수 있으며, 자신만의 개인화된 작성 스타일을 설정할 수 있다. 또한, Zapier라는 온라인 자동화 도구를 통해 AudioPen을 다른 애플리케이션과 통합할 수 있다. Zapier는 다양한 웹 애플리케이션 간의 정보를 자동으로 전송하는 것을 가능하게 해, 작업의 자동화를 도와준다. 이를 통해 Notion(노트, 작업, 데이터베이스 등을 관리할 수 있는 통합 워크스페이스 도구)이나 Airtable(스프레드시트와 데이터베이스의 기능을 결합한 도구) 같은 도구에 자동으로 노트를 저장하는 것이 가능하다.

한국 사용자들에게 특별한 혜택으로, AudioPen을 만든 개발자는 2024년 3월 31일까지 사용할 수 있는 20% 할인 쿠폰 'CONTENJOO'를 제공하였다. 이 쿠폰은 결제 시 쿠폰 입력란에 기재하면 적용된다.

02

생성형 AI를 활용하는 서비스들
: Chatmind, Sessions,
"There's An AI For That", Dunoit

앞서 언급한 것처럼, 생성형 AI 서비스들의 API를 도입하는 서비스들이 점차 늘어나고 있다. API(Application Programming Interface)는 서로 다른 소프트웨어 간에 상호작용을 가능하게 하는 도구이다. 이 중 우리 실생활에서 바로 사용할 수 있는 서비스들을 몇 개 소개한다.

1. Chatmind: AI 마인드 맵핑

Chatmind(https://chatmind.tech)는 GPT를 기반으로 하는 AI 마인드 맵핑 서비스이다.

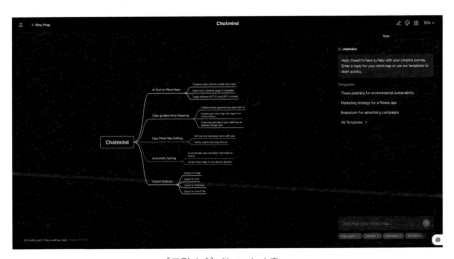

[그림 6-3] Chatmind 홈

Chatmind에서는 사용자가 입력한 키워드나 질문에 대해 마인드맵을 자동 생성해 준다. 브레인스토밍, 아이디어 정리, 프로젝트 관리 등에 유용하게 사용할 수 있다.

Chatmind의 주요 기능	Chatmind의 장점
텍스트 입력 → 마인드맵 자동 생성	아이디어를 빠르고 간편하게 정리할 수 있음
다양한 템플릿 제공(브레인스토밍, 에세이, 프레젠테이션 등)	브레인스토밍 효과가 뛰어남
마인드맵 공유 및 다운로드	GPT-3의 창의적인 답변을 받을 수 있음
마크다운 지원	마인드맵을 이미지로 다운받을 수 있음

[표 6-1] Chatmind의 주요 기능과 장점

Chatmind는 브레인스토밍과 아이디어 정리에 가장 강력한 AI 도구 중 하나로 평가받고 있다. 문장 입력만으로도 창의적인 마인드맵을 제공하므로 생산성 향상에 도움이 될 수 있는 서비스이다.

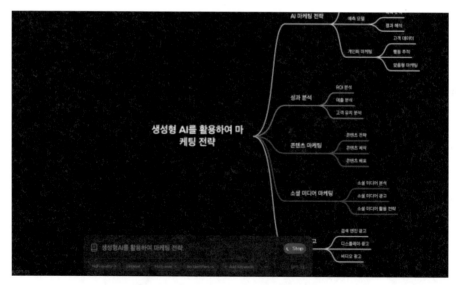

[그림 6-4] Chatmind로 만든 마인드맵

사용법은 간단하다. Google, Apple 혹은 이메일을 사용하여 가입 후, 원하는 것을 적기만 하면 마인드맵이 완성된다. 무료 사용자는 매일 1크레딧이 제공되며 마인드맵을 하나 생성할 때마다 0.3크레딧이 소모된다.

월 $3.99에 유료 구독을 할 수가 있으며, GPT-4모델을 사용할 수가 있고, 매월 400크레딧이 제공된다. 월 1,300여 개의 마인드맵을 생성할 수가 있다.

2. Sessions: 온라인 미팅의 새로운 표준

[그림 6-5] Sessions 홈

Sessions(https://sessions.us/)는 온라인 미팅과 웨비나의 새로운 표준을 제시하며 디지털 시대의 필수 도구로 부상하였다. 이 플랫폼은 단순한 비디오 통화를 넘어서 고화질의 영상과 오디오, 그리고 참가자들 간의 상호작용을 증진시키는 다양한 기능을 탑재하고 있다. 회의의 안건을 미리 설정하고, 참가자들과의 소통을 원활하게 하며, AI 기술을 통해 웨비나의 진행을 보다 효율적으로 관리하는 것이 가능하다.

또한, 팀원들과의 협업을 위한 작업 공간을 제공하여, 회의 자료와 일정을 중앙화된 장소에서 관리할 수 있다. 이는 특히 영업, 마케팅, 고객 관리와 같은 분야에서의 활용도가 높다. Sessions.us는 사용자들에게 필요한 정보와 지원을 위해 도움말 센터, 웨비나 자료실, 그리고 블로그를 운영하고 있다.

Sessions의 주요 기능과 장점을 살펴보자.

Sessions의 주요 기능	Sessions의 장점
일정 관리: 참석자들의 일정을 확인하고 편리하게 미팅 시간을 잡을 수 있음.	한 플랫폼에서 일정 관리부터 미팅 준비, 진행, 협업까지 가능
준비: 역할 할당, 의제 작성, 자료 준비 등 미팅 준비 기능 제공	생산성 향상에 도움이 되는 다양한 협업 도구 제공
라이브 세션: 화상회의, 화면 공유, 채팅 등의 기능을 통한 라이브 미팅 진행	템플릿을 활용한 인터랙티브 의제로 효과적인 미팅 진행 가능
협업: 녹화본, 프레젠테이션 자료 공유, 토론, 설문조사 등을 통한 참석자 간 협업 지원	별도의 플랫폼 없이 회의 내에서 문서 및 파일 공유, 회의 후 관련 자료 테이크아웃 가능
Automated Transcripts: AI Copilot은 실시간으로 정확한 회의 내용을 기록하고, 참가자들의 언어로 번역해 준다.	수동으로 노트를 작성하는 번거로움을 줄이고, 참가자들이 논의 내용에 집중 가능
Real-Time Translations: AI Copilot은 참가자들의 언어로 실시간 번역을 제공한다.	다양한 언어를 사용하는 참가자들이 원활하게 의사소통 가능
Smart Summaries: AI Copilot은 회의 내용에서 핵심 내용만을 추출하여 요약한다.	참가자들이 긴 회의 녹음이나 노트를 훑어보지 않고도 핵심 내용을 빠르게 검토하고 회상 가능

[표 6-2] Sessions의 주요 기능과 장점

Sessions의 기능 중 최근에 도입된 'AI Copilot'는 세션 주최자들의 업무를 크게 단순화해 준다. 이 AI 기반의 도우미는 웨비나나 회의의 진행을 보조하며, 주최자가 집중해야 할 핵심 내용에 더욱 집중할 수 있게 도와준다. 또한, Sessions.us는 사용자의 데이터 보안을 최우선으로 생각하며, 그들의 개인정보를 안전하게 보호한다. 다양한 요금제를 통해, 각 사용자의 필요에 맞는 최적의 서비스를 선택할 수 있다.

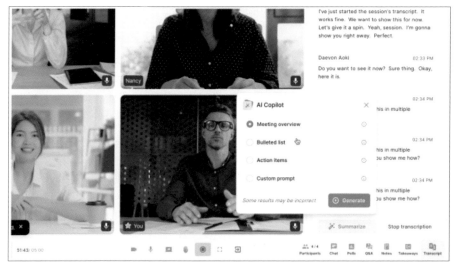

[그림 6-6] Sessions의 AI Copilot

또 화상회의 중 실시간 노트가 제공되며, 인공지능을 활용해 요약 및 번역을 제공하여, 언어가 달라도 화상회의 진행이 가능하다.

Transcript ⓘ

Q 文A

LTD early buyers be worried with the Apsumodi limits price or just want to get a better deal? We have promised the Salzilla community that we will never ever have a better offer than what they have received. And this is the answer.

Alex Frentescu   10:46 PM

This is going to exactly be the case. We have a limited set of LTDs which were sold on Salzilla community, a community that supported us from day one. And they got a deal which will never be beaten by anything else that we are going to do further on. So the Apsumodi deal is lower than Salzilla LTD.

Alex Frentescu   10:47 PM

It's still a good deal, I believe. Thank you, Daniel. Really glad that we had you here.

Carla Kargaard   10:47 PM

Cool. So we've answered everything. So I guess that's it for today's webinar. Thank you so so much for joining us. And thank you, Thredo, for having us. It was great to be here. And yeah, have a good day. Bye-bye, everyone.

Alex Frentescu   10:48 PM

Transcript ⓘ

Q 文A

Alex Frentescu   10:46 PM

제안해 주셔서 감사합니다. 그리고 마지막 질문 하나면 끝난 것 같습니다. Salzilla LTD 초기 구매자는 Apsumodi 제한 가격에 대해 걱정해야 합니까, 아니면 더 나은 거래를 원합니까? 우리는 Salzilla 커뮤니티에 그들이 받은 것보다 더 좋은 제안은 없을 것이라고 약속했습니다. 그리고 이것이 답입니다.

Alex Frentescu   10:46 PM

이것은 정확히 사실이 될 것입니다. 첫날부터 우리를 지원해 준 커뮤니티인 Salzilla 커뮤니티에서 판매된 제한된 LTD 세트가 있습니다. 그리고 그들은 우리가 앞으로 하게 될 그 어떤 것에 의해서도 절대 뒤처지지 않을 계약을 맺었습니다. 따라서 Apsumodi 거래는 Salzilla LTD보다 낮습니다.

Alex Frentescu   10:47 PM

여전히 좋은 거래라고 생각합니다. 고마워, 다니엘. 당신이 여기 있어서 정말 기쁩니다.

Carla Kargaard   10:47 PM

시원한. 그래서 우리는 모든 것에 대답했습니다. 오늘의 웨비나는 여기까지입니다. 함께해주셔서 정말 감사합니다. 그리고 Thredo, 우리를 초대해 주셔서 감사합니다. 여기에 있는 것이 좋았습니다. 그리고 네, 좋은 하루 되세요. 안녕, 모두.

[그림 6-7] Sessions의 실시간 노트 번역 기능 왼쪽: 실시간 노트, 오른쪽: 번역된 노트

Sessions는 Google, Microsoft 계정 또는 이메일을 통해 손쉽게 가입이 가능하다.

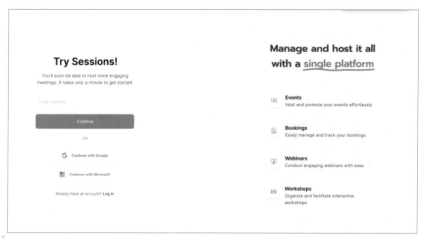

[그림 6-8] Sessions 시작하기

　무료 사용자는 한 번에 최대 25명이 참여할 수 있는 화상회의를 1시간 동안 진행할 수 있다.

　반면, 유료 사용자는 선택한 플랜에 따라 1회당 8시간에서 최대 24시간까지 화상회의를 개최할 수 있고, 참여 인원도 500명에서 최대 3,000명까지 확장이 가능하다.

3. "There's An AI For That": AI 도구와 트렌드의 종합적인 요약집

　인공지능(AI)은 현대 기술의 핵심 부분이 되었으며, 많은 분야에서 그 가치를 인정받고 있다. 그러나 AI 도구와 기술이 빠르게 발전함에 따라 이러한 새로운 인공지능 도구들과 트렌드 정보를 찾고 이해하는 것은 점점 더 복잡해지고 있다. 이러한 문제를 해결하기 위해 "There's An AI For That"(https://theresanaiforthat.com/)라는 플랫폼이 등장했다.

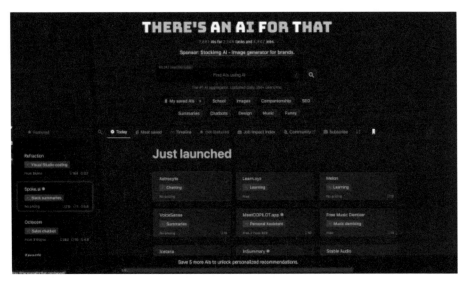

[그림 6-9] There's An AI For That 홈

"There's An AI For That"의 주요 특징을 정리해 보면 아래와 같다.

① 다양한 AI 도구의 데이터베이스: 이 플랫폼은 989개의 작업을 위한 3,556개의 AI 모델을 포함하는 데이터베이스를 제공한다. 이미지 인식부터 자연어 처리에 이르기까지 다양한 작업을 위한 AI 도구를 찾는 사용자들에게 이상적이다.

② 전문가의 큐레이션: 웹사이트의 모든 내용은 AI 전문가들에 의해 작성되었다. 이로 인해 사용자는 고품질 및 효과적인 AI 모델을 확신하며 사용할 수 있다.

③ 일일 업데이트: 이 플랫폼은 매일 업데이트되므로 사용자는 최신 AI 기술과 트렌드를 놓치지 않을 수 있다.

④ 챗GPT 플러그인: "There's An AI For That"는 ChatGPT Plus 사용자만 접근 가능한 플러그인으로도 추가되어 있다. 이 플러그인을 통해 사용자는 다양한 작업을 위한 AI 도구를 쉽게 찾을 수 있다.

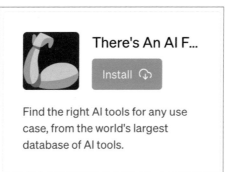

[그림 6-10] There's An AI For It That 플러그인

⑤ 독점적인 뉴스 레터: "There's An AI For That"에서 제공하는 뉴스 레터는 AI 전문가 팀에 의해 작성되었다. 뉴스 레터를 통해 구독자들은 AI 산업의 최신 뉴스와 업데이트뿐만 아니라 AI 도구를 최대한 활용하기 위한 활용서를 받을 수 있다.

"There's An AI For That"는 AI 도구와 트렌드를 찾고 이해하는 데 큰 도움을 주는 플랫폼이다. 이 플랫폼은 AI 도구의 다양성, 품질 및 전문가의 통찰력을 제공하며, AI 기술의 최신 동향을 알고 싶은 모든 사용자에게 이상적이다.

4. Dunoit: 디지털 혁신의 교차로

[그림 6-11] 듀노잇 Dunoit 홈

듀노잇(https://dunoit.com/)은 대한민국의 디지털 제품 런칭 플랫폼으로, 미국의 프로덕트 헌트와 유사한 서비스를 제공한다. 프로덕트 헌트는 새로운 디지털 제품을 발표하고 사용자들의 피드백을 받는 글로벌 커뮤니티로 널리 알려져 있다. 듀노잇은 이러한 아이디어를 바탕으로 국내 개발자와 사용자를 연결하며, 주식회사 오늘배움에서 개발하였다.

듀노잇은 다양한 디지털 제품들을 소개하고, 사용자들은 해당 제품에 대한 리뷰와 피드백을 제공하여 개발자와 직접 소통할 수 있다. 이를 통해 제품의 품질 향상과 사용자 경험 개선에 기여하며, 새로운 아이디어나 기능에 대한 제안도 가능하다.

또한, 듀노잇의 블로그 섹션은 다양한 주제에 대한 글들로 가득하다. 최신 인공지능 정보부터 일상의 유용한 팁, 기술 트렌드에 이르기까지 다양한 주제가 다루어진다. 누구나 승인을 받으면 블로그 글을 작성할 수 있어 다양한 전문가와 사용자들의 지식과 경험을 공유하는 허브로 자리 잡았다.

듀노잇에 등록된 제품 중 특히 주목받는 서비스로는 'Translaite'와 'ReadNQuiz'가 대표적이다. 'Translaite'는 OpenAI의 챗GPT와 DeepL 번역 기술을 통합하여 다양한 언어로 대화하는 사용자들이 챗GPT와 원활하게 소통할 수 있도록 지원하는 앱이다. 이 서비스 덕분에 전 세계의 사용자들은 자신의 모국어로 챗GPT와 대화를 체험할 수 있게 되었다. 챗GPT는 아직도 영어로 질문을 하면 더 정확하고 상세한 답변을 받을 수 있는데, 이에 대한 이유는 이후에 자세히 다루도록 하겠다. 한편, 'ReadNQuiz'는 영어 원서를 통한 학습을 중점으로 한 플랫폼으로, 퀴즈 형식을 통해 학생들의 이해도를 향상시키는 동시에 교사들이 학생들의 학습 진행 상황을 효율적으로 관리하고 지원할 수 있게 도와준다.

듀노잇은 사용자들에게 매주 1회 최신 등록된 디지털 제품과 블로그에 대한 뉴스레터를 제공한다. 이 뉴스레터를 통해 사용자들은 새로운 정보와 트렌드를 쉽게 파악하고, 놓치지 않고 따라잡을 수 있다. 이러한 서비스로 듀노잇은 디지털 혁신의 교차로에서 사용자와 개발자를 연결하는 중심 역할을 하고 있다.

Chapter 7

챗GPT를 넘어서
: 일상 생활의
AI 자동화 활용

01 일상 생활의 AI 자동화 활용

: Mizou, Copilot, Typecast, Vrew, Gamma.app, Canva

01 일상 생활의 AI 자동화 활용
: Mizou, Copilot, Typecast, Vrew, Gamma.app, Canva

1. Mizou로 맞춤형 학습 챗봇 만들기

교육 현장에서 AI 기술의 활용은 학생들에게 맞춤화된 학습 경험을 제공하는 새로운 방법을 탐색하는 교육자들에게 중요한 변화를 가져오고 있다. Mizou는 이러한 변화의 최전선에 서서, K12 교육자들이 학습을 개인화하고, 재미있고, 효과적인 방식으로 진행할 수 있도록 지원하는 첨단 도구이다. Mizou의 스마트 AI는 각 학생의 독특한 필요에 맞춰 교육적 챗봇을 맞춤화하여 제공한다. Mizou는 교육자들에게 적합한 챗봇을 올바른 학생에게 전달할 수 있도록 돕는 필수적인 도구로, 교육 경험을 개선하고 학생들의 학습 능력을 극대화하는 데 기여한다.

Mizou는 학생들이 자신의 학습 데이터를 기반으로 챗봇을 사용하거나, 챗봇으로부터 맞춤형 지원을 받을 수 있게 함으로써 학습 데이터 분석에 새로운 차원을 제공한다. AI 기술을 통해 학생들에게 더 나은 학습 경험을 제공함으로써 교육의 미래를 재정의하고 있다.

그러나 모든 AI 도구와 마찬가지로 Mizou 역시 완벽하지 않다. 번역 기능은 대부분의 경우 정확하지만, 때때로 오류가 발생할 수 있다. 따라서 교육자들은 Mizou를 활용할 때 항상 결과물을 확인하고 필요한 경우 수정하는 것이 좋다.

결론적으로 Mizou는 교육자들이 학생들에게 더 효과적인 교육을 제공하는 데 큰 도움을 줄 수 있는 AI 도구다. 이 도구를 올바르게 활용한다면, 교육자들은 학생들의 학습 경험을 풍부하게 만들 수 있을 것이다.

① https://mizou.com 접속 후, Create Chatbot이나 Get Started 누른다.

② Email 또는 구글로 로그인하여, 설문조사(4개)에 응답한다.

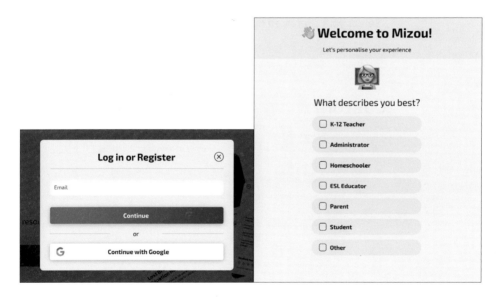

③ 홈 화면이 나타나면 여기에서 My Chatbots를 누른다.

④ AI-Generated 챗봇을 누른다. (인공지능의 도움으로 챗봇 만들기)

Custom은 모든 것을 스스로 만들어야 한다. (코딩은 필요없으나 AI-Generated로 익숙해진 뒤 도전)

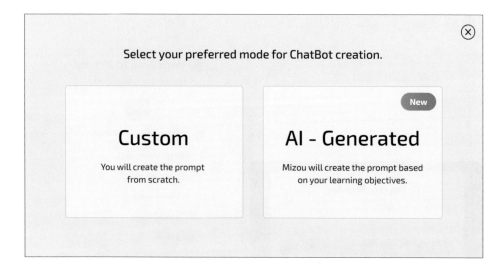

⑤ Learning Objectives(학습 목표)를 설정하고, Grade Level(학년) 선택 후 Get Ideas를 클릭한다.

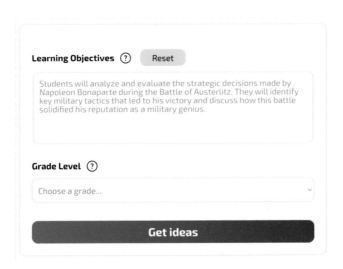

⑥ Select the Chatbot에서 마음에 드는 챗봇을 선택한 후 Generate를 클릭한다. (추후 한국어로 지원 예정)

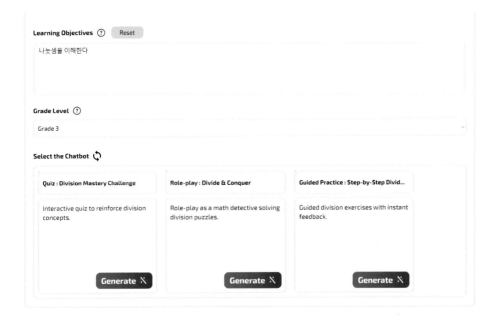

⑦ Chatbot Instruction과 More Option을 수정한 후 우측 미리보기에서 챗봇을 테스트해 본다.

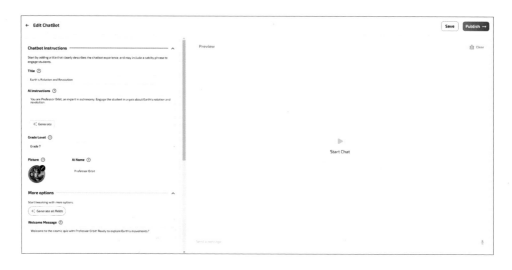

* Chatbot Instruction

- Title: 챗봇의 이름

- Ai Instructions: AI에게 주는 명령 프롬프트. 역할과 목표를 강화

- Grade Level, 챗봇 사진, 대화 내에서 답변하는 AI의 이름을 수정 가능

* More Option

- Welcom Message: 챗봇에 처음 들어왔을 때 환영 메시지 입력

- Rules: 챗봇이 지켜야 규칙 입력. 예) 한국어 답변, 퀴즈 문제 수 등

- Knowledge File: 챗봇에 줄 정보를 pdf로 업로드

- Audio: 음성 선택 (남, 여 선택)

- Discovery: Explore에 표시될 썸네일과 문구 입력

⑧ 완성이 되면 Publish를 누른다. Only Me를 할 경우 나 혼자 사용이 가능하며 Public 을 선택할 경우 학생들에게 공유할 수 있고, Mizou 마켓플레이스에도 공유가 된다.

(1) 챗봇 배포하기

① My Chatbots에서 학생들에게 공유하고 싶은 챗봇을 선택 후 New Sessions을 클릭한다.

② Personalization과 Tool 확인한 후 Launch를 클릭한다.

* Personalization

Grade Levle(학년), Learning Objectives(학습 목표), Ai Rules(AI에 주는 규칙), Instruction for student (학생 안내 문구) 조정 가능

* Tools

- Timer: 학생과 챗봇 간의 상호작용 시간을 지정
- Audio: 오디오 활성화로 학생들이 챗봇과 대화하며, 녹음 가능하여 언어 연습 및 말하기 선호 학생들에게 유용
- Grading Rubrics: 평가 기준을 설정

* Details

• Title: 챗봇 제목을 설정. 예) 초5 수학 최대 공약수

• Short Description: 챗봇에 대해서 짧은 설명

• Instruction for Student: 학생들에게 챗봇을 소개하는 글

③ 이후 나오는 링크를 학생들에게 전달한다.

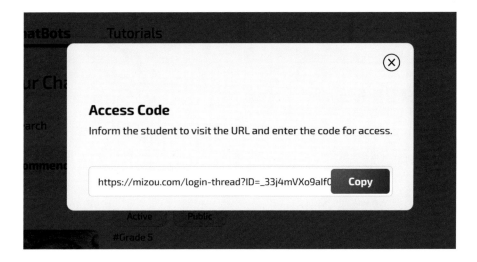

(2) 학생: 학습 방법

① 학생들은 별도의 로그인 없이 닉네임 입력 후 챗봇을 통해 학습을 진행할 수 있으며 학습 종료 후 오른쪽 위의 나가기 버튼으로 학습을 종료할 수 있다.

(3) 교사: 진행 상황 확인하기

① My Chatbots에서 학생들에게 공유하고 싶은 챗봇을 선택 후 진행 중인 세션(예) 1sessions) 클릭한다.

② 확인하려는 세션을 클릭한다.

③ 사용자 이름, AI가 채점한 Grade, 접속 시간, 종료 시간, 현재 상태를 확인할 수 있으며, 3점을 클릭하면 학생의 대화 내용도 확인해 볼 수 있다.

2. 챗GPT와 Copilot으로 영상 기획과 시나리오 작성하기

유튜브 영상 기획 전체와 스크립트 전체를 완전히 AI에게 맡길 수는 없다. 최초 기획한 의도와 다르게 매우 어색하게 나오거나 완전히 다른 내용으로 만들어질 수 있기 때문에 생성형 AI를 보조 인력이라 생각하고 내용을 정리하거나 잘 풀리지 않는, 고민하는 부분을 정리한다고 생각하면 된다. 즉 나와 인공지능이 협업을 하여 완성해 간다고 볼 수 있는 것이다.

가장 쉽게 접근할 수 있는 방법은 챗GPT와 코파일럿을 활용하는 방법이다. 챗GPT는 플러그인을 활용하여 정밀하고 광범위한 형태로 활용할 수 있고, 코파일럿의 경우는 챗GPT보다 쉽고 빠르게 그리고 간단하게 도움받을 수 있다는 것이다.

챗GPT 가입과 사용 방법은 앞서 다뤘으므로 여기서는 어떻게 활용하는지에 대해서 다룰 것이다. 그리고 가급적이면 GPT-3.5보단 GPT-4 유료 버전을 사용하길 권장한다. 두 버전의 성능 차이가 커서 GPT-4로 했을 때 더욱 높은 퀄리티를 보여 준다.

(1) 챗GPT에 질문하기 전 영상의 기본 내용 기획하기

기획은 매우 중요하다. 양식은 군이 필요 없지만 알아보기 쉽게 정리할 필요가 있다. 다음과 같이 러프하게 기획을 하면 영상을 제작할 때 큰 도움이 된다.

참고 영상 스타일, 주제, 시청 대상, 특이 사항, 간단한 줄거리, 키워드, 제작 기간을 정리해 놓자. 이렇게 정리해 두면 다른 사람과 함께 일할 때 기획 의도나 개요를 공유할 수 있어 아이디어 도출에도 도움이 될 것이다. 중간중간 기획을 짤 때 생각이 잘 나지 않거나 도움이 필요하면 챗GPT를 적극 활용해 보자.

(2) 챗GPT와 대화하기

① New Chat을 선택 후 GPT-4를 선택해 준다. 플러그인은 따로 사용하지 않는다.

② 가장 먼저 내가 누구고 무엇을 해야 하는지 챗GPT에 상세하게 이야기한다. 이렇게 역할을 분명히 해 주어야 더 나은 답변을 얻을 수 있다. 다음과 같이 질문을 하면 어떻게 만들어야 할지 가이드를 해 준다. 이 부분은 마치 컨설팅을 받는 것처럼 매우 상세하게 알려주고 놓친 곳을 점검해 주기 때문에 제작에 큰 도움이 된다.

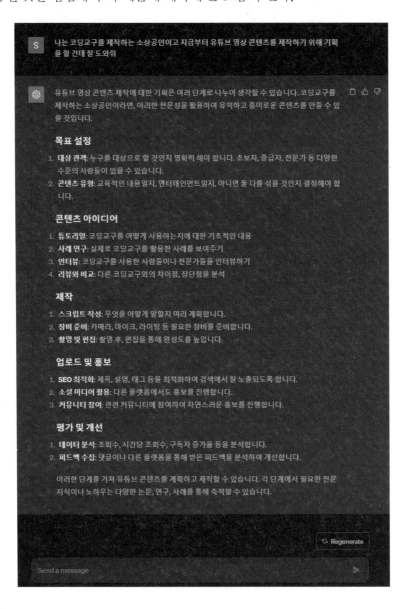

③ 챗GPT가 가이드를 해 준 것을 참고하여 다음과 같이 기획에서 잘 안 풀리는 것에 대한 질문을 이어갈 수 있다. 여기서 참고할 것은 모든 것을 챗GPT에 맡기면 안 된다는 것이다. 모든 것을 맡기면 엉뚱한 내용으로 가거나 대중들이 이해하기 어려운 난해한 내용으로 갈 수 있기 때문이다. 질문을 주도하고 명확한 의도를 파악해야 하며 챗GPT에는 조언과 컨설팅만 받는다 생각해야 한다.

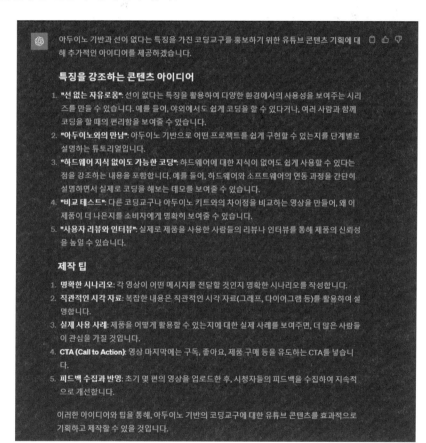

답변을 확인 후 면밀히 검토하여 의도가 맞는지 살펴봐야 한다. 챗GPT를 100% 맹신하면 안 된다. 제품이나 서비스 홍보 내용을 명확하게 알려줄수록 더욱 정확하고 의도하고자 하는 내용이 나오게 된다. 이전 내용과 비교해 보면 확실히 내용이 달라졌다는 것을 볼 수 있다.

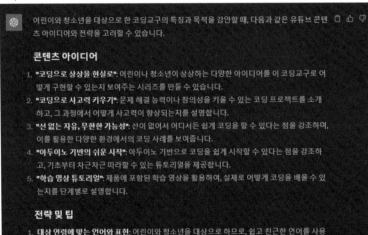

④ 챗GPT는 모든 것을 알고 있는 3~5세 아이인 것처럼 대해야 한다. 설명을 해 주지 않으면 잘 모르기 때문에 내가 알고 있는 모든 정보를 정리해서 알려주면 챗GPT에 원하는 답을 얻을 수 있다. 또한, 복잡하게 작성하고 정리가 안 된 내용을 챗GPT에 정리해 달라 하면 깔끔하게 정리해 주기 때문에 나중에 최종 기획안을 만들 때 아주 유용하다.

⑤ 기획이 완료되었다면 시나리오 또는 스크립트를 구성해야 한다.

영상 제작 형태에 따라 둘 다 필요할 수 있고 합쳐진 하나만 필요할 수도 있다. 보통은 시나리오 겸 스크립트가 구성된 형태로 구성한다. 즉 영상의 흐름대로 모든 내용을 넣어 구성하는 것이다. 예를 들면 다음과 같다.

인트로

[인터넷을 상징하는 아이콘이 나오고 마우스 포인터가 이를 클릭하자 스팟 아바타와 각종 잡동사니(피자, 에스프레소 머신, 불꽃놀이, 컴퓨터, 의자 등)->회의장면, 수업장면, 아바타간의 리액션 장면, 아이템 상호작용이 튀어나오고 곧 스팟이 나옴]

스팟 : 웹 기반 3D메타버스 플랫폼

AI로 만드는 나만의 가상 커뮤니티 공간

소개

댕댕! 모두들 안녕! 나는야 스팟의 유일한 강아지 스팟이야! Spot은 어떤 플랫폼 이냐고?

다음 세대의 소통 커뮤니티 플랫폼:

일단 그 전에, 협업 플랫폼들에 대해 생각해보자. 기존 화상대화로는 의사소통이 잘 안되는 경우가 있잖아. 애초에 얼굴을 보여주면 부끄러워서 웹캠을 끄는 사람도 많고, 그러다 보니 검은 화면이나 프로필만 보고 대화해야 하고, 그게 아쉬워서 그런지 매번 오프라인 모임에 참석하러 밖에 나서야 하게 되더라. 이동 시간만 아끼면 매일 꿀잠을 잘 수 있는데 말이야! 그리고 현실에서 뭘 하려면 공간이 항상 부족하잖아. 또 오프라인 모임에 오기 어려운 사람들이 종종 있지. 가상 공간이면 무엇이든 콘텐츠를 전시하고 온오프라인으로 같이 연동하면 좋을텐데!

그렇다고 포털 카페나 웹사이트 게시판은 사람들이 안 쓰지, 메시지는 금방금방 지나지, 가상 공간에 커뮤니티가 끼어 있으면 얼마나 편하고 효율적일까? 그래서 위의 문제점들을 극복할 수 있는 커뮤니티와 교육에 특화된 가상공간 플랫폼이 있어!

보통 글쓰기와 같이 영상도 다음과 같이 구성된다. 인트로, 소개 및 오프닝, 서론, 본론, 결론, 아웃트로 이렇게 분류를 해 놓고 챗GPT와 함께 고민해 본 기획을 토대로 작성하면 된다.

⑥ 대화체로 작성하는 게 어려울 수 있다. 이럴 때 챗GPT를 통해 일반적인 내용을 작성하고 대화체로 구성해 달라고 하면 구성해 준다. 내가 생각한 시나리오 내용을 대강 작성해 보고, 이를 시나리오 대화체로 구성해 달라고 하면 이렇게 나온다.

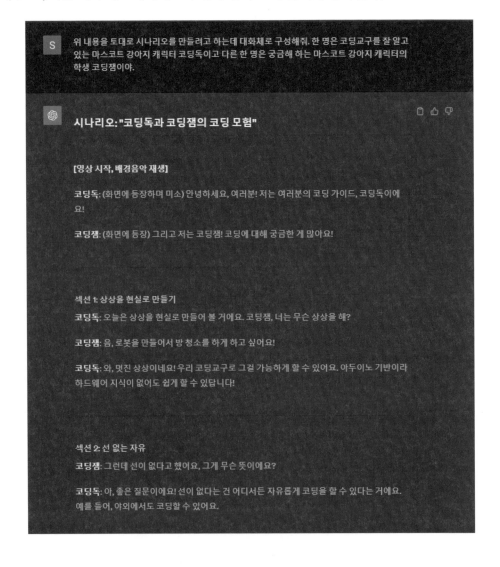

섹션 3: 코딩으로 사고력 키우기

코딩독: 코딩을 하면 사고력과 창의성도 키울 수 있어요. 문제를 해결하는 과정에서 어떻게 사고력이 향상되는지 알고 싶어요?

코딩잼: 네, 궁금해요!

코딩독: 예를 들어, 로봇이 어떻게 방을 청소할지 생각하고 그걸 코딩으로 구현하면, 문제 해결 능력이 향상되겠죠.

섹션 4: 학습 영상 튜토리얼

코딩잼: 그런데 코딩이 처음이라 어려울 것 같아요.

코딩독: 걱정 마세요! 학습 내용이 영상으로 제공되어서 쉽게 따라할 수 있어요.

[영상 마무리]

코딩독: 오늘은 여기까지! 다음에 또 만나요!

코딩잼: 다음에 또 봐요! 코딩을 시작해 볼게요!

코딩독: 그럼, 다음 모험에서 만나요! 안녕!

이런 식으로 시나리오를 구성하면 어린이와 청소년이 쉽게 이해하고 흥미를 느낄 수 있을 것 같아요. 마스코트 캐릭터를 활용하면 더 친근하고 재미있는 콘텐츠가 될 수 있습니다.

이런 형태로 시나리오를 작성해 준다. 물론 내용을 자세하게 작성하지 않아 위와 같이 기획본 토대로 간단한 내용이 나왔지만, 여기서 계속 대화를 이어 나가 특정 부분을 수정해 달라고 하거나 특정 내용을 추가해 달라고 하면 계속 보강된 시나리오가 완성되어 간다.

이렇게 하면 고민 시간을 최대한 줄일 수 있으므로 기존보다 약 30% 시간을 절약할 수 있다. 이렇게 시간을 효율적으로 사용할 수 있게 되면 사업이나 자기계발에 좀 더 많은 시간을 투자할 수 있다.

챗GPT는 플러그인 기능을 통해 챗GPT를 세팅하면 목표에 더 가까운 답변을 끌어낼 수 있다. 하루에도 수십 개의 플러그인이 출시되고 업데이트되고 있으며, 유튜브 요약, PDF 내용을 참고하여 답변 주는 시스템 등 매우 다양한 것이 있으니 이를 잘 조합만 한다면 얻고자 하는 최상의 결과물을 얻을 수 있다.

(3) Copilot을 활용한 기획

챗GPT는 무료도 있지만 유료 버전에서 더 정확한 결과를 알 수 있어 첫 사용에 부담될 수 있다. 이럴 때는 Copilot을 활용하는 게 좋다. Copilot은 https://copilot.microsoft.com/에 접속하여 MS 계정 로그인 후 사용할 수 있다. Copilot의 심장은 챗GPT이지만, 프롬프트나 기타 설정이 조금 다르기 때문에 조금 다른 답변을 얻을 수 있다.

Copilot의 가장 큰 특징은 사용하기 쉽고 무료라는 점이다. 대화 스타일을 3개 중 하나를 선택할 수 있고 또한 이미지를 분석해 줄 수 있는 기능이 있다는 것이다. 또한, 이미지를 만들어 달라고 하면 이미지도 만들어 준다. 다만 세세한 세팅을 할 수 없다는 것과 한 토픽(주제)에 관한 대화 가능 개수가 정해져 있다는 것과 답변이 길지 않다는 것이 챗GPT와의 차이점이다. 즉 계속해서 정보를 주며 업데이트할 수 있는 한계가 있다는 것이다. 그래도 간단한 영상을 기획하거나 시나리오 쓸 때 매우 유용한 기능이다.

챗GPT에 질문했던 내용대로 코파일럿의 창의적인 스타일로 물어봤을 때 다음과 같이 답변해 준다. 조금 더 사람에게 친숙한 스타일로 답변해 주는 형태를 보이며, 참고 링크들을 보여 주어 도움이 될 만한 정보를 계속해서 던져 준다.

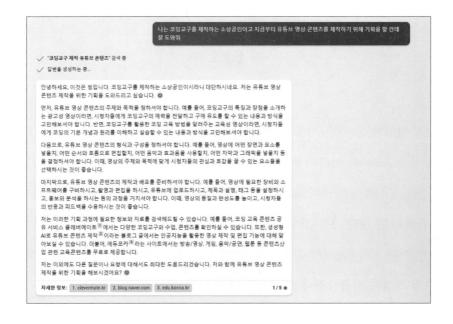

① 챗GPT에 했던 것처럼 영상 기획에 대한 내용을 질문해 보자.

이 코딩교구는 어린이와 청소년 대상으로 하는 코딩교구이고 코딩을 통해 사고력과 창의성을 높이기 위함이야.또한 상상하던 것을 직접 구현할 수 있지.
가장 큰 특징은 아두이노 기반이며 하드웨어 지식이 없어도 쉽게 연결하여 코딩에 집중할 수 있다는 점이야. 또한 선이 없다는 것이 가장 큰 특징이지.
학습 내용이 영상으로 제공되어 쉽게 따라할 수 있어.

이런 내용을 기반으로 기획을 하려고 하는데 도움이 될만한 것이 또 있을까?

✓ 답변을 생성하는 중...

코딩교구의 목적과 특징을 잘 설명해주셨습니다. 어린이와 청소년들이 코딩을 통해 사고력과 창의성을 높이고 상상하던 것을 직접 구현할 수 있도록 도와주는 코딩교구라면, 많은 관심과 호응을 받을 수 있을 것 같습니다. 또한, 영상으로 제공되는 학습 내용이 쉽게 따라할 수 있다면, 코딩교육의 진입장벽을 낮추고 흥미를 유발할 수 있을 것 같습니다.

도움이 될만한 것을 찾아보았습니다. 코딩교구를 활용한 유튜브 콘텐츠의 제작 방법과 팁에 대해 알아보겠습니다.

- [코딩교구로 유튜브 콘텐츠 만들기] : 이 영상에서는 코딩교구로 유튜브 콘텐츠를 만드는 과정을 단계별로 설명합니다. 코딩교구의 소개와 사용법, 코딩 프로젝트의 아이디어와 구현, 영상의 제목과 태그, 홍보와 분석 등에 대해 알려줍니다.
- [코딩교구 유튜브 채널 운영하기] : 이 글에서는 코딩교구 유튜브 채널 운영에 필요한 팁과 노하우를 공유합니다. 코딩교구의 장점과 특징을 강조하고, 시청자들의 니즈와 트렌드를 파악하고, 다양한 협업과 교류를 통해 채널의 성장을 도모하는 방법에 대해 알려줍니다.
- [코딩교구 영상 제작에 필요한 장비와 소프트웨어] : 이 글에서는 코딩교구 영상 제작에 필요한 장비와 소프트웨어를 추천합니다. 카메라와 마이크, 조명과 배경, 편집 프로그램과 음악 등에 대해 소개하고, 각각의 장단점과 가격대를 비교합니다.

저는 이런 정보들을 바탕으로 유튜브 영상 콘텐츠의 형식과 구성을 결정하시고, 적절한 시나리오와 스크립트를 작성하시면 좋을 것 같습니다. 저는 그 과정에서 필요한 도움을 드리겠습니다. 😊

3 / 5 ●

(?) [코딩교구를 활용한 콘텐츠 아이디어가 있을까요?] [영상 편집 소프트웨어 추천해주세요.] [다른 유튜브 크리에이터들은 어떤 내용으로 영상을 제작하나요?]

② 답변을 토대로 시나리오를 작성해 달라고 하자.

> 위 내용을 토대로 시나리오를 만들려고 하는데 대화체로 구성해줘. 한 명은 코딩교구를 잘 알고있는 마스코트 강아지 캐릭터 코딩독이고 다른 한 명은 궁금해 하는 마스코트 강아지 캐릭터의 학생 코딩잼이야.

✓ 답변을 생성하는 중...

코딩교구를 활용한 유튜브 콘텐츠의 시나리오를 대화체로 구성해드리겠습니다. 한 명은 코딩교구를 잘 알고있는 마스코트 강아지 캐릭터 코딩독이고 다른 한 명은 궁금해 하는 마스코트 강아지 캐릭터의 학생 코딩잼이라고 하셨습니다. 다음은 제가 만든 시나리오의 예시입니다.

[영상 시작]

[코딩독과 코딩잼이 카메라 앞에 나타남]

코딩독: 안녕하세요, 여러분. 저는 코딩교구의 전문가인 코딩독이에요. 오늘은 저와 함께 코딩교구를 알아보고, 재미있는 코딩 프로젝트를 해볼 친구가 있어요. 바로 이 친구예요.

코딩잼: 안녕하세요, 저는 코딩을 배우고 싶은 학생인 코딩잼이에요. 저는 코딩교구에 대해 궁금한 게 많아요. 코딩독 선생님, 저에게 코딩교구를 소개해 주세요.

코딩독: 네, 그럼 제가 코딩교구에 대해 설명해드릴게요. 코딩교구는 어린이와 청소년들이 쉽고 재미있게 코딩을 배울 수 있는 교육용 장난감이에요. 코딩교구는 아두이노 기반이라서 하드웨어 지식이 없어도 간단하게 연결하고, 선이 없어서 무선으로 편리하고 안전하게 사용할 수 있어요. 또한, 영상으로 제공되는 학습 내용을 따라하면서 코딩의 기본 개념과 원리를 이해하고, 상상하던 것을 직접 구현할 수 있어요.

코딩잼: 와, 정말 멋진 거 같아요. 그럼 저도 코딩교구로 무엇을 할 수 있을까요?

코딩독: 네, 저도 궁금해요. 그래서 오늘은 저희가 함께 코딩교구로 무엇을 할 수 있는지 알아보고, 실제로 해보려고 해요. 여러분도 저희와 함께 따라해보세요.

[영상 전환]

[코딩독과 코딩잼이 테이블 위에 여러 가지 코딩교구를 놓고 있음]

코딩독: 여기 보시면, 이것들이 바로 코딩교구예요. 이 중에서 우리가 오늘 사용할 것은 이것들이에요.

[코딩독이 아두이노 보드와 LED, 버튼, 피에조 부저 등을 가리킴]

코딩잼: 이것들은 뭐예요?

코딩독: 이것들은 각각 다른 기능을 하는 부품이에요. 예를 들어, 이것은 아두이노 보드라고 해요. 아두이노 보드는 우리가 작성한 코드를 실행하는 뇌와 같은 역할을 해요. 이것은 LED라고 해요. LED는 우리가 원하는 색깔의 빛을 내는 역할을 해요. 이것은 버튼이라고 해요. 버튼은 우리가 누르면 신호를 보내는 역할을 해요. 이것은 피에조 부저라고 해요. 피에조 부저는 우리가 원하는 소리를 내는 역할을 해요.

코딩잼: 그렇군요. 그럼 이 부품들을 어떻게 연결하고 코딩하나요?

코딩독: 네, 그럼 제가 보여드릴게요. 먼저, 이 부품들을 코딩교구의 나무 프레임에 맞춰서 조립해야 해요. 조립하는 방법은 영상으로 제공되는 학습 내용을 따라하면 돼요.

[영상 전환]

[코딩독과 코딩잼이 영상을 보면서 부품들을 조립하는 모습]

코딩독: 여러분도 저희와 같이 부품들을 조립해보세요. 조립이 완료되면, 다음으로 코딩을 해야 해요. 코딩은 아두이노 IDE라는 프로그램을 사용해서 할 수 있어요.

[영상 전환]

[코딩독과 코딩잼이 영상을 보면서 부품들을 조립하는 모습]

코딩독: 여러분도 저희와 같이 부품들을 조립해보세요. 조립이 완료되면, 다음으로 코딩을 해야 해요. 코딩은 아두이노 IDE라는 프로그램을 사용해서 할 수 있어요.

[영상 전환]

[코딩독과 코딩잼이 컴퓨터 앞에 앉아 있음]

코딩독: 여기 보시면, 이것이 바로 아두이노 IDE라고 해요. 아두이노 IDE는 우리가 쉽게 코드를 작성하고, 아두이노 보드에 업로드할 수 있게 해주는 프로그램이에요. 코딩하는 방법도 영상으로 제공되는 학습 내용을 따라하면 돼요.

[영상 전환]

[코딩독과 코딩잼이 영상을 보면서 코드를 작성하는 모습]

코딩독: 여러분도 저희와 같이 코드를 작성해보세요. 코드가 완성되면, 다음으로 아두이노 보드에 업로드를 해야 해요. 업로드하는 방법은 아주 간단해요. 아두이노 IDE에서 업로드 버튼을 누르기만 하면 돼요.

[영상 전환]

[코딩독과 코딩잼이 업로드 버튼을 누르고, 코딩교구가 작동하는 모습]

코딩독: 여러분도 저희와 같이 업로드 버튼을 눌러보세요. 업로드가 완료되면, 우리가 만든 코딩교구가 작동할 거예요.

코딩잼: 와, 정말 잘 작동하네요. LED가 빛나고, 버튼을 누르면 소리가 나고, 피에조 부저가 음악을 연주하네요.

코딩독: 네, 멋지죠? 이렇게 우리는 쉽고 재미있게 코딩교구를 만들고, 코딩을 배울 수 있어요.

[영상 마무리]

[코딩독과 코딩잼이 카메라 앞에 나타남]

코딩독: 여러분, 오늘은 저와 함께 코딩교구를 알아보고, 재미있는 코딩 프로젝트를 해보았습니다. 어떠셨나요?

코딩잼: 저는 정말 재밌었어요. 코

4 / 5 ●

창의적인 스타일로 작성해 본 위 시나리오를 보면 챗GPT와 코파일럿의 차이를 확인할 수 있다. 이렇게 자신의 목적에 맞게 인공지능을 선택하여 손쉽게 시나리오를 작성할 수 있다.

3. Typecast 활용하여 영상에 음성 입히기

영상을 제작할 때 내레이션이나 해당 연기를 할 성우가 필요한 경우가 종종 생긴다. 아무래도 명확한 소리로 의도한 바를 잘 전달할 수 있기 때문이고, 목소리 형태에 따라 제품이나 서비스에 대한 신뢰를 줄 수 있기 때문이다. 소상공인이나 간단하게 무언가 해 볼 사람들에겐 성우를 고용하기엔 부담스러울 수도 있다. 그럴 때 사용할 수 있는 것이 타입캐스트의 TTS이다.

Typecast(https://typecast.ai/)는 딥러닝과 인공지능을 기반으로 만들어진 인공 음성 TTS이다. 사람과 구분이 힘들 정도로 퀄리티가 매우 높으며 수많은 캐릭터 음성이 있다. 세계에서 가장 사람과 비슷한 소리를 내며 한국어, 영어, 일본어, 중국어, 스페인어 등 매우 다양한 언어들이 존재하기 때문에 해외 진출을 고려하고 있는 경우라면 매우 큰 도움이 될 것이다.

다만 이 플랫폼은 무료로는 워터마크 소리와 짧은 시간만 가능하고, 유료로 사용할 경우 해당 플랜(금액)에 따라 다운로드할 수 있는 총시간이 정해져 있지만 비용이 많이 부담스럽지는 않다.

① 접속은 typecast.ai/kr를 통해 할 수 있다. 회원 가입을 하면 무료로 매월 5분 분량 정도를 다운로드하여 사용할 수 있다. 조건은 출처를 표기하는 형태로 사용 가능하다는 것이다.

② 로그인을 하고 '+새로 만들기'의 '새 프로젝트'를 클릭해 준다.

③ 다음 화면에서 대사를 입력하고 그 대사에 대한 높낮이나 속도 또는 감정 형태를 선택할 수 있는 형태이다. 또한, 미리 들어볼 수 있고 마음에 들면 다운로드하여 바로 영상에 입힐 수 있다.

④ 가장 먼저 문서 제목을 입력 후 아바타 프로필을 클릭하여 '캐릭터 추가하기'를 선택한다.

왼쪽에 언어를 한국어를 체크하면 다양한 목소리의 캐릭터를 사용할 수 있다. 각 캐릭 터별 재생 버튼을 눌러 음성을 미리 들어볼 수 있다. 영상 의도에 맞는 캐릭터 음성을 선 택해 주고 '캐릭터 추가'를 클릭해 준다.

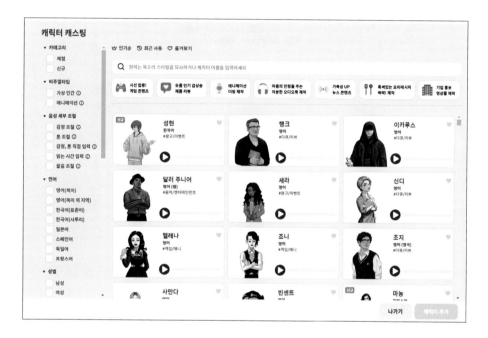

⑤ 챗GPT나 코파일럿의 도움을 받아 만든 시나리오 겸 스크립트의 대사를 각각 캐릭터 를 정하여 입력해 준다. 하단에 재생 버튼을 눌러 들어본다.

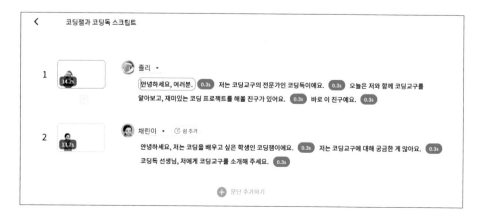

오른쪽 창에서 대화 문장을 선택하여 감정 상태나 읽는 속도를 정할 수 있다. 직관적이기 때문에 해당 문장이나 문장 끝을 선택하여 지정할 수 있다.

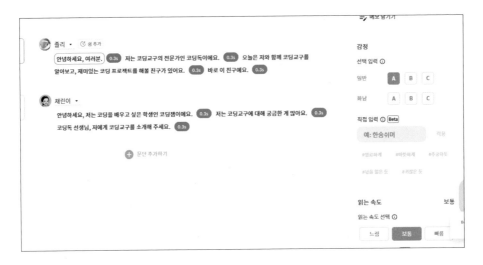

⑥ 다음은 최종적으로 만든 음성이다. 재생하여 이상이 없으면 상단 오른쪽의 '다운로드'를 클릭하여 원하는 파일로 출력한다.

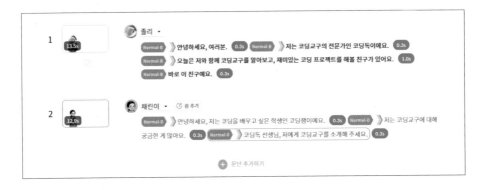

다음과 같은 옵션으로 출력이 가능하다. 문장별로 나눠 편하게 편집도 가능하다.

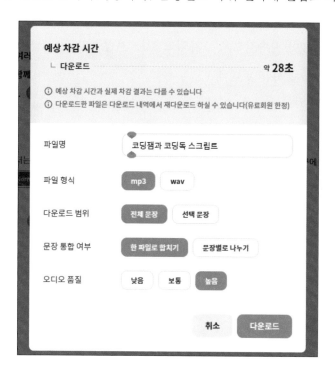

타입캐스트를 잘 활용하면 짧은 시간 안에 저예산으로 홍보 영상 및 유튜브 콘텐츠를 쉽게 만들 수 있을 것이다.

4. 영상 자막 편집기 Vrew 활용하기

영상에 자막을 입혀하는 경우가 종종 있을 것이다. 특히 인터뷰에 가장 많이 활용되고 유튜브의 경우 캡션에 넣으면 메타데이터가 늘어나 검색에 잘 노출되는 경향을 보이고, 또 챗GPT 같은 곳에서 해당 콘텐츠를 검색했을 때 이러한 자막 데이터를 기반으로 설명해 주기도 한다.

Vrew(https://vrew.voyagerx.com/ko)도 우리나라 회사에서 만들어진 플랫폼이다. 2018년 음성을 이용한 자막 제작 및 편집 도구로 출시 후 많은 사람의 사랑을 받아 왔으며, 이후 다양한 기능이 지속적으로 추가되고 있는 자랑스러운 대한민국의 영상 편집 플랫폼이다. 함께 Vrew를 사용해 보자.

(1) Vrew의 특징

해당 플랫폼은 제한적인 무료 버전이다. 동영상 내보내기, 무음 구간 줄이기, 무료 애셋 사용에는 제한이 없으며, 월 120분의 음성 분석, AI 목소리 1만 자(무료 AI 목소리는 제한 없음), 번역 3만 자, 이미지 생성 100장까지, 텍스트로 비디오 만들기 3,000자까지는 무료로 사용이 가능하다. 이 이상이 필요한 경우는 월 구독이나 연 구독 또는 기간 이용권을 구매하여 사용할 수 있다.

Vrew는 단순히 음성을 분석하여 자막을 붙여 주거나 자막 파일을 내보내는 기능 이외에도 예능 프로그램처럼 스타일 있는 자막을 넣을 수 있고, 편집 기능에선 영상을 자르거나 합칠 수도 있다. 음성 인식으로 편집 단위를 나누어 주어 파일 중간에 잘라내기를 했을 때 음성이 자연스럽게 연결된다는 것도 Vrew의 큰 장점이다.

(2) View 사용법

① vrew.voyagerx.com/ko에 접속하여 프로그램을 다운로드한다.

② 설치 후 프로그램을 연다. 개선 참여 여부를 확인하고 약관을 읽고서 '동의하고 시작'을 클릭한다.

③ 화면 왼쪽 상단에 '새로 만들기'를 클릭 후 회원 가입하여 로그인을 해 준다.

④ 로그인 완료 후 상단의 '파일' 탭에서 다시 '새로 만들기'를 클릭해 준다. 원하는 것을 선택해서 바로 사용 가능하다. 여기서는 영상 콘텐츠를 다루기 때문에 '영상 및 음성 파일로 시작하기'를 클릭하여 영상 파일을 선택해 준다.

⑤ 영상을 선택하면 다음과 같은 '영상 불러오기' 옵션이 나온다. 여기서 기존 스크립트가 있다면 '원고 불러오기'를 통해 완벽하게 자막을 입힐 수 있으며, 그것이 아니라면 '확인'을 누른다. 영상 길이의 최대 1.5~2배 시간 정도의 분석 시간이 걸린다.

분석이 완료되면 다음과 같이 자동으로 영상에 맞춰 자막이 달린다. 100% 완벽하진 않기 때문에 일부 수정이 필요하다.

⑥ 각 문장별 왼쪽 재생 버튼을 통하여 들어보고 오른쪽 창에 선택하여 해당 문자를 수정할 수 있다.

⑦ 만약에 해당 문장이 아닌 다음 문장에 들어가야 할 것이 있다면, 해당 문자를 클릭해 밑에 있는 문장으로 끌어다 놓을 수 있다.

만약 해당 문자와 음성이 맞지 않으면 해당 문자를 더블클릭하여 음성 소리 길이와 문자 등장 시기를 맞추고 [?]나 이상하게 적힌 문자도 수정할 수 있다.

⑧ 상단 '서식'을 통해서 전체 자막 스타일을 수정할 수 있다.

⑨ 수정이 완료되었으면 상단 오른쪽에 '내보내기'를 클릭하여 자막과 합성된 영상 또는 자막 파일을 내보낼 수 있다.

(3) View에서 AI 기능 활용하기

삽입 탭에 가면 스톡 이미지 적용, 텍스트로 이미지를 생성하는 AI 생성기, 배경 음악 및 효과음, AI 목소리 적용, AI 자막 더빙 등 다양한 기능과 서비스를 제공하고 있다. 해당 플랫폼을 통해 영상 편집 플랫폼 대체하여 사용이 가능하다는 것이다. 물론 화려한 화면 전환 등 정밀하거나 복잡한 편집은 어렵지만 간단한 편집은 대부분 여기서 모두 해결할 수 있다.

특히 텍스트로 비디오 만들기 기능은 텍스트를 입력하면 텍스트에 맞추어 이미지를 만들어 영상을 제작해 주는 기능이다.

① 먼저 화면 비율을 선택한다.

② 비디오 스타일을 선택한다.

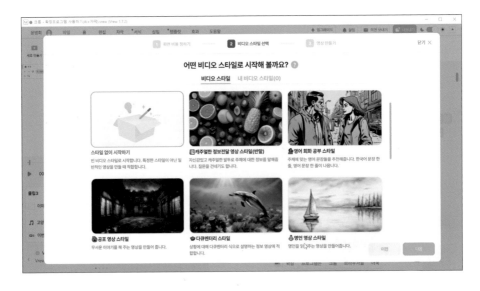

③ 영상의 주제를 입력한다. 대본이 있는 경우 대본을 바로 입력해도 되고, 주제를 입력하고 AI 글쓰기를 클릭하면 AI가 바로 대본을 작성해 준다.

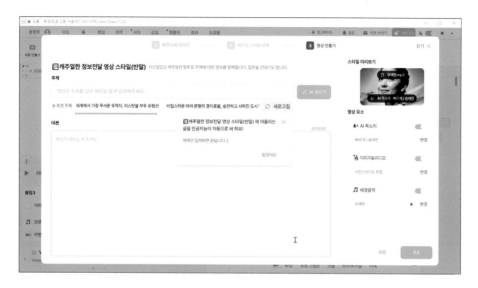

④ 먼저 대본을 확인한다. AI가 쓴 대본을 더 길게 이어 쓰거나 다시 쓰기도 가능하다. 대본 확인을 마치고, 영상에 들어갈 AI 목소리, 이미지, 비디오, 배경 음악을 확인하고 완료를 누른다.

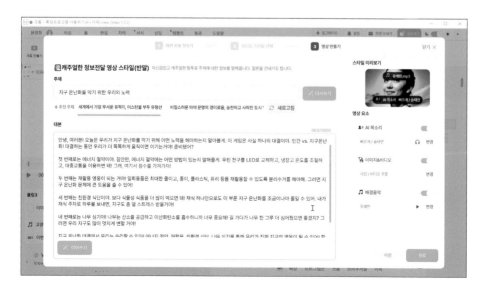

⑤ Vrew에서 대본에 맞는 이미지를 만들어 영상을 생성해 준다.

⑥ 생성된 이미지, 음성 등을 확인 후 필요한 부분의 수정한 뒤 영상으로 내보내기 하여 영상으로 출력할 수 있다.

이렇게 유튜브 쇼츠 영상 초안 하나를 제작하는 데 소요되는 시간은 채 10분이 걸리지 않는다. 영상 제작이 어렵다고 두려워하지 말고 Vrew로 쉽게 영상을 만들어 보자.

6. Gamma.app로 프레젠테이션 만들기

Gamma.app는 사용자가 원하는 주제를 입력하면 해당 주제에 맞는 슬라이드를 자동으로 생성해 주는 인공지능 기반의 프레젠테이션 제작 도구이다. Gamma는 단순히 슬라이드를 생성하는 것뿐만 아니라 인공지능 편집 도구를 사용하여 콘텐츠를 함께 채워 준다. 사용자가 주제만 입력하면 본문과 그림, 그래픽 등을 인공지능이 생성하여 초안을 만들어 주는 것이다. Gamma.app는 프레젠테이션뿐만 아니라 웹 페이지를 생성하는 기능도 제공하며, 이를 위해 다양한 템플릿을 사용할 수 있으며, 이외에도 보고서, 프로모션 전달 카드, 웹 페이지 디자인 등 다양한 분야에서 활용이 가능하다. 또 한국 이용자가 많아 현지 언어 서비스의 첫 번째 국가로 한국을 점찍어 현재 한국어 인터페이스로도 사용이 가능하다.

Gamma.app를 이용해 프레젠테이션을 만들어 보자.

① https://gamma.app/?lng=ko에 접속하자. 화면이 영어로 나오는 것은 웹 주소가 https://gamma.app/?lng=en으로 되어 있기 때문이다. 주소 끝 en을 ko로 바꾸어 주면 한국어 인터페이스를 사용할 수 있다.

② 처음 방문했다면 무료 가입하기를, 기존 사용자라면 로그인을 선택한다.

Google로 계속하기를 눌러 구글 계정으로, 또는 이메일로 회원 가입하여 로그인을 한다. Google 계정을 사용하는 것이 손쉽다.

③ 아래와 같은 화면에서 +새로 만들기 AI를 클릭한다.

④ 생성 또는 텍스트 변환 중 원하는 메뉴를 클릭한다. 생성은 주제를 입력하여 문서를 만들 수 있고, 텍스트 변환은 메모나 다른 문서를 변환해 주는 기능이다. 이번에는 생성을 클릭해 보자.

⑤ 원하는 문서 형태를 선택한다. 이번에는 프레젠테이션을 선택해 보자.

⑥ 만들고자 하는 프레젠테이션 주제를 입력하고 종이비행기 아이콘을 클릭하거나 엔터키를 누른다.

⑦ Gamma.app에서 작성한 개요를 확인한다. 프레젠테이션 작성 언어도 바꿀 수 있으며, 개요도 원하는 내용으로 수정할 수 있다. 개요 작성이 완료되면 계속을 누른다. 이렇게 프레젠테이션 하나를 만드는 데는 40 크레딧이 필요하다.

⑧ 테마를 선택하고 미리보기를 확인한 뒤 계속을 클릭한다. 테마를 정하지 못하겠다면 '날 놀라게 해봐'를 선택하면 인공지능이 알아서 테마를 선택해 준다.

⑨ 프레젠테이션 작성이 완료되면 편집과 공유를 위한 메뉴가 나타난다.

오른쪽 메뉴에서 템플릿, 서식, 레이아웃을 바꿀 수 있으며 이미지, 동영상, 웹페이지 등을 추가로 삽입할 수도 있다.

위쪽의 테마 메뉴에서는 테마를 수정하거나 사용자 지정 테마를 만들 수 있다.

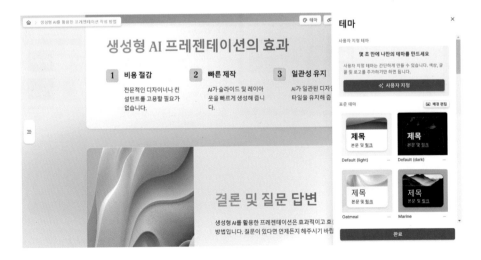

공유 메뉴를 활용하면 구글 프레젠테이션처럼 사용자를 초대해 함께 편집할 수도 있고 공개용 링크를 만들 수도 있다. '내보내기'를 선택하면 pdf나 ppt 파일로 내보내기도 가능 하다. '포함시키다' 메뉴는 만들어진 프레젠테이션을 웹페이지에 임베딩 할 수 있는 주소 를 만들어 준다.

공유 옆으로 프레젠테이션, 댓글, 분석 메뉴가 있다. 3점의 더 보기 메뉴에서 페이지 설
정을 클릭하면 카드, 배경, 미리보기 메뉴가 있어서 필요에 맞게 카드 비율을 조절한다든
가, 배경 이미지를 바꿀 수 있으며, 미리보기를 수정할 수 있다.

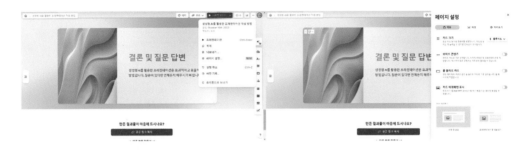

이렇게 만들어진 자료들은 처음 로그인 후 나타나는 내 워크스페이스 홈 화면에서 언제
든 다시 열어 작업이 가능하다. 홈 화면에서는 빈 문서에서 새로 만들기도 가능하고, 가져
오기를 클릭해 보면 Google 문서나 슬라이드, Word 문서나 파워포인트 문서에서 텍스트
를 가져올 수 있다.

Gamma.app는 빠른 시간에 프레젠테이션을 만들어 주는 유료 서비스로 프레젠테이션을 하나 만드는 데 40 크레딧이 필요하다. 또 AI 이미지를 만드는 등 다른 서비스에도 정해진 양의 크레딧이 필요하다. AI를 사용하는 서비스들을 AI 사용 비용을 지급해야 하므로 무료로 양질의 서비스를 지속해서 제공하기는 어렵다는 것을 항상 염두에 두자. Gamma 역시 AI를 사용하기 때문에 AI 사용 시 크레딧이 필요한 것이 당연하다. 하지만 회원 가입 시 400 크레딧이 제공되므로, 처음에는 주어진 크레딧을 이용하여 사용해 볼 수 있다. 이후 이 서비스가 나에게 꼭 필요하다면 Plus 또는 Pro 요금제로 업그레이드해서 사용할 수 있다. 다른 서비스들과 마찬가지로 연간 결제가 월별 결제보다는 경제적이다.

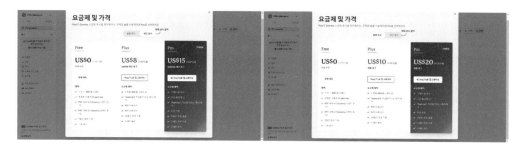

그리고 유료 결제가 아니더라도 홈 화면에 표시된 내 현재 크레딧을 클릭해 보면, 현재 나의 잔여 크레딧을 확인할 수 있을 뿐 아니라 친구 추천이나 팀원 초대로 크레딧을 받을 수도 있으니 참고하자.

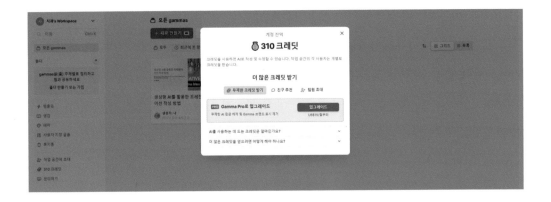

Gamma.app에서 제작한 프레젠테이션을 초안으로 사용하면 편리하다. 어떤 내용으로 프레젠테이션을 만들지 고민이라면 Gamma로 시작해서 초안을 작성하고, 작성된 내용을 수정하여 나의 독창적인 프레젠테이션으로 만들어 보자.

7. Canva에서 AI 기능 활용하여 이미지 만들고 편집하기

Canva는 온라인 디자인 및 비주얼 커뮤니케이션 플랫폼으로, 전 세계 모든 사람이 어디서든 디자인을 간편하게 제작하고 게시할 수 있는 환경을 제공하고 있다. 최근 이미지 디자인뿐만 아니라 프레젠테이션, 웹페이지, 동영상 등 다양한 미디어를 제작할 수 있는 플랫폼으로 진화를 계속하고 있다. 그리고 2023년 10월에 Magic Studio라는 이름으로 다양한 AI 편집 기능을 선보여, 여러 가지 이미지 편집을 손쉽게 할 수 있는 환경을 제공하고 있다.

Canva의 Magic Studio의 기능을 함께 살펴보자.

(1) Magic Design

현재 베타 기능으로 무료 버전에서도 사용할 수 있지만, 아직은 언어 설정이 영어일 때만 사용할 수 있다. Canva 홈 화면에서 템플릿에 원하는 템플릿을 영어로 입력하고 엔터를 누르면 새로운 템플릿을 만들어 준다.

(2) Magci Switch

디자인을 자동으로 문서로 만들기, 이미지 사이즈 변경, 자동 번역 기능이 포함되어 있다. 설정 언어에 상관없이 사용할 수 있지만, Canva Pro에서만 사용이 가능하다.

현재 디자인을 다양한 형태의 문서로 변환할 수 있다.

Translate를 선택하면 번역할 언어와 페이지를 선택하여 번역할 수 있다.

크기를 조절하면 디자인 내에 있는 개체들의 크기와 위치를 자동으로 조절해 준다.

(3) Magic Media

Text to Image: 설정 언어에 상관없이 사용할 수 있다. 무료 버전에서는 50개의 이미지를 만들어 볼 수 있고, Canva Pro 계정에서는 월 500개의 이미지를 만들어 볼 수 있다.

프롬프트를 입력하고 스타일, 이미지의 가로세로 비율을 선택하면 이미지를 만들 수 있다.

생성된 이미지를 클릭하면 디자인에 사용할 수 있다.

Text to Video: 현재 개인 계정에서 설정 언어에 상관없이 사용할 수 있다. 무료 버전에서는 5개의 영상을 만들어 볼 수 있다.

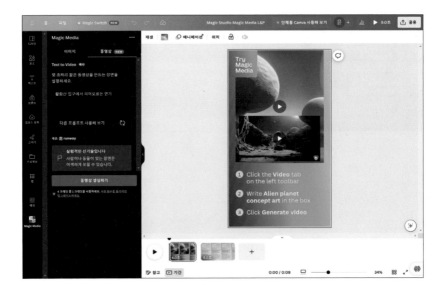

생성된 영상을 클릭하면 디자인에 삽입할 수 있다.

(4) Magic Write

텍스트 상자를 클릭하면 Magic Write 메뉴를 확인할 수 있다. Magic Write를 클릭하여 다양한 AI 글쓰기 메뉴를 확인할 수 있다. 글쓰기뿐만 아니라 현재 문장의 요약 등도 가능하다. 언어 설정에 상관없이 사용할 수 있으며, 무료 버전에서는 50회 사용이 가능하다.

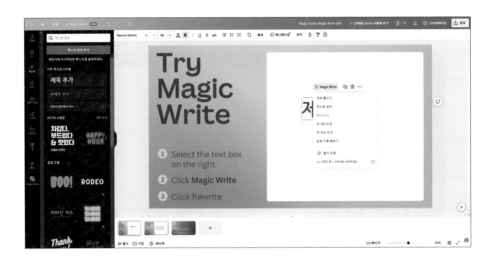

(5) AI 이미지 편집 기능

Canva의 AI 이미지 편집 기능은 디자인에 이미지 삽입 후 사진 편집 메뉴에서 사용할 수 있다.

① Magic Grab: Canva Pro에서만 사용 가능하며, 이미지에서 일부 개체만 분리하여 떼어낼 수 있다.

② Magic Eraser: Canva Pro에서만 사용 가능하며, 이미지에 있는 사물이나 사물을 지우고 지워진 자리에 배경을 자동으로 만들어 준다.

③ Magic Expand: Canva Pro에서만 사용 가능하며, 잘린 부분의 이미지를 복원하고, 어색하지 않게 배경을 수정해 준다.

④ 텍스트 추출: Canva Pro에서만 사용 가능하며, 이미지에 있는 텍스트를 추출해 준다.

⑤ 배경 제거 도구: Canva Pro에서만 사용 가능하며, 이미지의 배경을 제거해 준다.

⑥ Magic Edit: 무료 버전에서도 사용이 가능하며, 브러시로 선택한 부분을 내가 입력한 프롬프트로 바꾸어 준다.

이미지에서 바꾸고 싶은 부분을 브러시로 선택하고, 계속하기 누른다.

원하는 프롬프트를 입력하고 생성하기를 클릭한다.

생성된 이미지 중 원하는 이미지를 선택하면 사진이 편집된다. 편집 완료 후 아래의 완료를 누르면 디자인으로 돌아간다.

일부 기능들은 Canva Pro에서만 사용하기도 하지만, 무료 버전에서도 횟수의 제한을 두고 사용할 수 있는 기능이 있으니 참고하여 사용해 보자.

Chapter 8
생성형 AI
활용 전략

1. 교육 분야: AI 교사와 강사를 위한

생성형 AI는 교육자들에게 새로운 교육 방법론과 전략을 제공하며, 학생들에게는 개인화된 학습 경험을 제공한다. 이러한 변화의 중심에는 강사들이 있으며, 그들이 이 기술을 어떻게 활용하느냐에 따라 교육의 질과 효과가 크게 달라질 것이다.

① 교육과정 디자인의 혁신: 생성형 AI는 학생들의 학습 스타일과 속도에 맞춰 개인화된 교육과정을 디자인할 수 있다. 이를 통해 강사들은 학생들의 필요와 성향에 맞는 교재나 학습 자료를 제공할 수 있다. 또한, 실시간으로 학생들의 반응과 학습 능력에 따라 교육 내용을 조절하는 적응형 학습 경험을 제공할 수 있다.

② 개인화된 수업 제공: 강사들은 생성형 AI를 활용하여 학생마다 다른 학습 경험을 제공할 수 있다. 이를 통해 학생들의 관심사, 능력, 필요에 따라 맞춤형 학습 자료와 활동을 제공하며, 다양한 능력을 가진 학생들에게도 적절한 학습 과제를 제공할 수 있다.

③ 교육 자료 자동 생성: 생성형 AI는 강사들의 교육 자료 제작 과정을 효율화할 수 있다. 퀴즈, 연습 문제, 설명, 개념 요약 등 다양한 교육 자료를 자동으로 생성할 수 있으며, 기존의 내용을 기반으로 새로운 내용을 창작할 수 있다. 이를 통해 강사들은 기존의 교육 자료를 보완하거나 새로운 교육 자료를 빠르게 제작할 수 있다.

④ AI 챗봇의 활용: AI 챗봇은 학생들의 학습을 지원하고 새로운 지식과 통찰력을 제공하는 데 활용될 수 있다. 강사들은 교육 및 학습 과정의 일부로 생성형 AI 챗봇을 도입하여 학생들의 질문에 실시간으로 답변을 제공하거나 추가적인 학습 자료를 제공할 수 있다.

생성형 AI의 활용은 교육 분야에서 혁신적인 변화를 가져올 수 있는 강력한 도구이다. 그러나 이를 효과적으로 활용하기 위해서는 강사들의 적극적인 참여와 교육이 필요하다.

강사들이 이 기술을 올바르게 활용하면 더욱 풍부하고 개인화된 학습 경험을 학생들에게 제공할 수 있을 것이다. 그러나 자동화와 인간의 참여 사이에 적절한 균형을 찾는 것이 중요하다. 이를 통해 교육의 윤리적 기준을 유지하고 학생들에게 최상의 학습 결과를 보장할 수 있다.

대부분 교육자가 그러하지만, 특히 코딩 교육의 풍경은 빠르게 변화하고 있다. 이를 감안하면 코딩 강사들은 자신의 전문성을 확장하고 새로운 기술 트렌드에 맞춰 교육 방식을 갱신해야 한다. 생성형 AI는 이러한 변화의 중심에 있으며, 강사들은 이 기술을 효과적으로 교육하기 위한 전략을 갖춰야 한다.

① 기술 업데이트: 최근에는 OpenAI와 같은 기업들이 코딩 교육의 효율성을 높이기 위한 다양한 AI 모델을 제공하고 있다. 이러한 모델들은 개발자와 학생들에게 코딩 문제나 해결 방법에 대한 피드백을 제공하는 데 큰 도움을 준다. 강사들은 이러한 최신 AI 도구와 기술을 꾸준히 학습하여 자신의 교육 방식에 통합해야 한다.

② 실시간 도움말 기능 활용: Codam과 같은 교육 플랫폼에서는 학생들이 코딩 문제에 직면했을 때 실시간으로 도움을 받을 수 있는 AI 기반의 'Instant Help' 기능을 제공하고 있다. 학생들은 이 기능을 통해 코딩 문제나 오류에 대한 해결책을 즉시 얻을 수 있다. 강사들은 이러한 기능을 활용하여 학생들에게 보다 효과적인 교육을 제공할 수 있다.

③ AI와의 대화형 교육: 최신의 AI 모델, 특히 OpenAI의 GPT-3와 같은 모델은 대화형 교육을 가능하게 한다. 학생들은 AI와 직접 대화하면서 문제를 해결하거나 새로운 지식을 습득할 수 있다. 강사들은 이러한 대화형 교육 방식을 교육과정에 통합하여 학생들의 학습 경험을 풍부하게 만들 수 있다.

④ AI를 활용한 실습과 프로젝트: 강사들은 AI를 활용하여 학생들에게 실습과 프로젝트를 제공할 수 있다. 예를 들어, 학생들은 AI의 도움을 받아 파일의 내용을 읽거나 디렉토리 내의 파일을 나열하는 방법을 배울 수 있다.

⑤ 생성형 AI의 효과적인 활용: 강사들은 학생들에게 생성형 AI의 효과적인 활용 방법

을 교육해야 한다. 이를 위해 강사들은 AI의 기능과 한계, 그리고 AI를 통해 얻은 정보나 결과를 어떻게 해석하고 활용할지에 대한 교육이 필요하다.

이러한 전략을 통해 코딩 강사들은 생성형 AI 강사로의 전환을 원활하게 할 수 있으며, 학생들에게 미래의 기술 트렌드에 맞는 교육을 제공할 수 있다.

2. 기업분야: 기업과 소상공인을 위한

기업의 성장과 혁신은 기술의 도입과 적용에 크게 의존하며, 특히 생성형 AI는 이러한 변화의 중심에 있다. 이 기술은 효율적인 업무 수행부터 제품 디자인, 마케팅, 고객 서비스에 이르기까지 기업과 소상공인의 다양한 영역에서 혁신적인 변화를 가져올 수 있다.

우선 생성형 AI의 핵심적인 특징 중 하나는 대량의 데이터를 학습하고, 그 데이터를 기반으로 새로운 내용을 생성하는 능력이다. 이를 통해 기업은 다양한 분야에서 효율적인 업무 수행이 가능하다.

예시 1: 문서 자동 생성: 기업 A는 매월 다양한 보고서를 작성해야 한다. 이때 생성형 AI를 활용하면, 지난달의 데이터와 이전 보고서들을 학습시켜 새로운 보고서를 자동으로 생성할 수 있다. 예를 들어, 지난달의 판매 데이터를 기반으로 이번 달의 판매 전략 보고서를 AI가 자동으로 작성해 줄 수 있다.

예시 2: 질의응답 시스템: 기업 B는 고객 서비스 센터를 운영하고 있다. 고객들의 자주 묻는 말을 생성형 AI에 학습시키면 고객이 질문을 할 때마다 AI가 즉시 답변을 제공할 수 있다. 예를 들어, "환급 절차는 어떻게 되나요?"라는 질문에 AI가 "환급을 원하시면 구매 후 7일 이내에 고객센터로 연락하시면 됩니다."라고 답변을 해 줄 수 있다.

안녕하세요. 저는 듀니 입니다. 찾고계신 디지털 제품이나 정보가있으면 말씀하세요.

예시 3: 제품 개발: 기업 C는 새로운 제품을 개발하려고 한다. 시장의 트렌드와 고객의 요구 사항을 생성형 AI에 입력하면, AI는 이를 기반으로 새로운 제품 아이디어나 디자인을 제안해 줄 수 있다.

이외에도 제품 디자인에서는 AI가 특정 요구 사항에 따라 다양한 디자인 옵션을 제시하며, 마케팅 분야에서는 고객의 관심사나 구매 패턴을 분석하여 맞춤형 광고나 프로모션을 생성한다. 또한, 고객 서비스에서는 AI가 고객의 질문에 실시간으로 응답하거나 고객의 구매 이력을 기반으로 한 맞춤형 제안을 할 수 있다.

다양한 도구들, 예를 들면 Jasper, Copy.ai, Writesonic 등은 광고 문구나 이메일 내용, 소셜미디어 게시물 등을 자동으로 생성해 주며, Ada나 Intercom과 같은 도구들은 고객의 질문에 자동으로 응답하는 챗봇 서비스를 제공한다. 이외에도 DALL-E, Midjourney와 같은 도구들은 텍스트 설명을 기반으로 이미지나 로고를 생성하며, GitHub Copilot, Tabnine는 프로그래밍 코드를 자동으로 제안해 주어 개발자의 작업을 도와준다.

그러나 AI 도입에는 여러 문제점이 동반된다. 일부 소상공인들은 AI 생성 콘텐츠의 편향성, 직원들의 사기 저하, AI 감독에 필요한 추가적인 노력 등의 문제를 경험했다. 또한, AI 도구의 도입 후 보안이나 개인정보 문제가 증가했다는 의견도 있다.

따라서 생성형 AI의 잠재력은 크지만, 그것을 활용하기 위해서는 그 특성과 한계를 정확히 이해하고, 적절한 전략을 세워야 한다. 기술의 발전만큼이나 그 기술을 어떻게 활용하느냐가 중요하다는 것을 잊지 말아야 한다. 기업과 소상공인들은 AI의 장점을 최대한 활용하면서 도입과 관련된 위험을 최소화하기 위한 교육과 보호 조치를 취해야 한다. AI

의 올바른 활용은 기업과 소상공인들에게 경쟁력을 향상시키고, 비즈니스 성장을 위한 새로운 기회를 제공할 수 있다.

3. 신산업 분야: Youtube 크리에이터를 위한

유튜브 콘텐츠는 이제 필수인 시대이다. 나를 알리는 용도 또는 나의 사업을 알리는 용도로 유튜브를 누구나 하는 시대가 왔고, 기획 콘텐츠를 제작하여 수익화하는 개인사업자들도 점점 증가하고 있다. 특히 한국은 유튜브 콘텐츠의 세계 최고 강국이며, 국내 유튜버들이 해외에서 많이 주목받고 있다.

생성형 AI는 계속해서 발전하고 있다. 최근에는 영상 전체를 여러 생성형 AI 플랫폼을 사용하여 대기업 공식 홍보 영상으로까지 등장하고 있다. 하지만 모두가 예상한 대로 영상 전체를 AI로 만들기엔 아직까진 발전의 시간이 필요하다. 완벽한 상업용 영상 또는 이질감 없는 영상을 만들려면 반은 사람의 힘이 필요하고 반은 AI의 힘을 필요로 한다.

특히 AI를 활용하면 제작의 시간을 1/3 이상 단축할 수 있다. 영상을 제작하기 위해선 다양한 과정이 필요하고, 사람들마다 그 과정은 다르지만 보통 이러한 과정을 통해 제작하게 된다.

AI를 활용하면 이러한 제작 과정 속에서 시간을 가장 많이 차지하는 기획, 스크립트, 그래픽 일부, 편집의 음성 오디오에 도움을 받을 수 있다.

영상 제작의 경우, 시간을 줄일 수 있다면 더욱 많은 시간을 아낄 수 있고, 곧 이것은 더 많은 영상을 만들어 더 많은 돈을 벌 수 있다는 것이기 때문에 불필요한 고민과 시간을 줄인다는 것은 매우 중요한 부분이라 볼 수 있겠다.

그 외에도 내레이션이나 캐릭터 음성 연기 또한 AI TTS로 대체할 수 있다. 1인 스튜디오나 1인 기업의 경우 비용을 최대한 줄이기 위해선 이런 부분도 고려할 만한 부분이다. 물론 아직까진 사람 목소리가 더욱 버라이어티하고 애드리브를 통해 영상의 수준을 극대화할 수 있지만, 저예산으로 만들어야 하는 경우는 TTS를 쓸 수밖에 없을 것이다. 이전에는 TTS 하면 매우 어색하지만 최근에 들어선 실제 사람 목소리를 구분하기까지 시간이 걸리거나 아예 눈치채지 못하는 수준으로 발전되었다.

유튜브를 포함하여 다양한 영상 콘텐츠 플랫폼의 전성시대이다. 영상으로 모든 것을 표현하고 홍보하는 시대이고 더 나아가 자신의 포트폴리오를 알리는 용도로도 활용되고 있다. 영상 제작에 너무 많은 시간을 빼앗기지 말고 생성형 AI를 활용하면 전체 소요 시간의 최대 30% 정도 시간을 아낄 수 있다.

4. 생성형 AI의 미래와 잠재력 그리고 우리의 전략

생성형 AI 시장은 전 세계적으로 꾸준한 성장세를 보이고 있다. 2024년에는 약 5,543억 달러(약 740조 원)의 규모로 성장할 것으로 보이는데, 이는 다양한 산업에서 생성형 AI의 활용이 확대되면서 나타나는 현상이다. 특히 광고와 마케팅 분야에서는 37%의 종사자들이 이미 생성형 AI를 활용하여 업무의 효율성을 높이고 있다.

생성형 AI는 현대 기술의 전면에 서 있으며 그 잠재력은 무한하다. 이 기술은 이미지, 텍스트, 소리 등 새로운 데이터를 생성하는 알고리즘을 사용하여 기존의 콘텐츠에서 학습한 패턴과 구조를 기반으로 다양한 전략과 기회를 제공한다. 이러한 생성형 AI의 활용은 그 잠재력을 극대화하기 위한 전략적 접근이 필요하다. 일반인들은 다음과 같은 전략으로 생성형 AI를 활용해 볼 수 있다.

• 제품 디자인 및 프로토타이핑: 일상생활에서의 문제를 해결하기 위한 새로운 제품 아

이디어나 디자인을 생각해 낼 때 생성형 AI는 빠르게 프로토타입을 제작하는 데 도움을 줄 수 있다.

- 마케팅 및 콘텐츠 생성: 개인 블로그나 소셜미디어 콘텐츠를 만들 때, 생성형 AI는 독창적이고 맞춤형 콘텐츠를 생성하는 데 활용될 수 있다.
- 교육 및 학습: 개인적인 학습 경험을 향상하기 위해 생성형 AI는 맞춤형 학습 자료나 퀴즈를 생성할 수 있다.
- 창조 산업: 음악, 미술, 글쓰기 등의 창작 활동에서 생성형 AI는 새로운 아이디어나 영감을 제공할 수 있다.
- 생활의 편의성 향상: 일상생활에서의 작은 문제나 요구 사항을 해결하기 위한 맞춤형 솔루션을 생성형 AI를 통해 찾아낼 수 있다.
- 학습 및 교육: 생성형 AI의 기본 원리와 작동 방식을 이해하는 것은 이 기술을 효과적으로 활용하는 데 중요하다.
- 도구 및 리소스 활용: 다양한 온라인 플랫폼과 도구를 통해 생성형 AI의 기능을 체험하고 활용할 수 있다.
- 윤리적 고려: 생성형 AI를 사용할 때는 항상 윤리적인 측면을 고려해야 한다. 예를 들어, 타인의 저작물을 카피하거나 부적절한 콘텐츠를 생성하는 것은 피해야 한다.

생성형 AI는 우리의 미래에 큰 변화를 불러올 것이다. 그러나 이러한 변화를 긍정적으로 만들기 위해서는 우리 스스로가 이 기술을 올바르게 이해하고 활용하는 방법을 배워야 한다. 기술 자체는 중립적이지만, 그것을 어떻게 사용하느냐에 따라 결과가 달라진다. 이를 통해 독자 여러분이 생성형 AI의 잠재력을 최대한 활용하여 삶의 질을 향상하는 방법을 찾을 수 있기를 바란다.

ChatGPT
챗GPT
슬기로운 일상생활의 자동화

| 2024년 1월 15일 | 1판 | 1쇄 | 인 쇄 |
| 2024년 1월 22일 | 1판 | 1쇄 | 발 행 |

지 은 이 : 주방현 · 윤명희 · 이동호 공저

펴 낸 이 : 박　　　정　　　태

펴 낸 곳 : **주식회사 광문각출판미디어**

10881
파주시 파주출판문화도시 광인사길 161
광문각 B/D 3층
등　　　록 : 2022. 9. 2 제2022-000102호
전　화(代) : 031-955-8787
팩　　　스 : 031-955-3730
E - mail : kwangmk7@hanmail.net
홈페이지 : www.kwangmoonkag.co.kr

ISBN : 979-11-93205-15-0　　13000

※ teameducator.com

한국과학기술출판협회
Korean Science & Technology Publisher Association

값 : 20,000원

저자와 협의하여 인지를 생략합니다.